李文燭 著
蒲團子 編訂

李文燭道書四種

心一堂

書名：李文燭道書四種
作者：李文燭
編訂：蒲團子
責任編輯：陳劍聰

出版：心一堂有限公司
地址／門市：香港九龍尖沙咀東麼地道六十三號好時中心LG 六十一室
電話號碼：+852-6715-0840
網址：www.sunyata.cc
電郵：sunyatabook@gmail.com
網上書店：http://book.sunyata.cc
網上論壇：http://bbs.sunyata.cc/

版次：二零一三年十月初版
平裝

定價：港幣　九十八元正
人民幣　九十八元正
新台幣　三百八十元正

國際書號：ISBN 978-988-8266-16-6

香港及海外發行：香港聯合書刊物流有限公司
地址：香港新界大埔汀麗路三十六號中華商務印刷大廈三樓
電話號碼：+852-2150-2100
傳真號碼：+852-2407-3062
電郵：info@suplogistics.com.hk

台灣發行：秀威資訊科技股份有限公司
地址：台灣台北市內湖區瑞光路七十六巷六十五號一樓
電話號碼：+886-2-2796-3638
傳真號碼：+886-2-2796-1377
網路書店：www.govbooks.com.tw
www.bodbooks.com.tw
經銷：易可數位行銷股份有限公司
地址：台灣新北市新店區寶橋路二三五巷六弄三號五樓
電話號碼：+886-2-8911-0825
傳真號碼：+886-2-8911-0801
email：book-info@ecorebooks.com
易可部落格：http://ecorebooks.pixnet.net/blog

中國大陸發行・零售：心一堂書店
深圳地址：中國深圳羅湖立新路六號東門博雅負一層零零八號
電話號碼：+86-755-8222-4934
北京地址：中國北京東城區雍和宮大街四十號
心一店淘寶網：http://sunyatacc.taobao.com

善的十條眞義

學理重研究不重崇拜
功夫尚實踐不尚空談
思想要積極不要消極
精神圖自立不圖依賴
能力宜團結不宜分散
事業貴創造不貴模仿
幸福講生前不講死後
信仰憑實驗不憑經典
住世是長存不是速朽
出世在超脫不在皈依

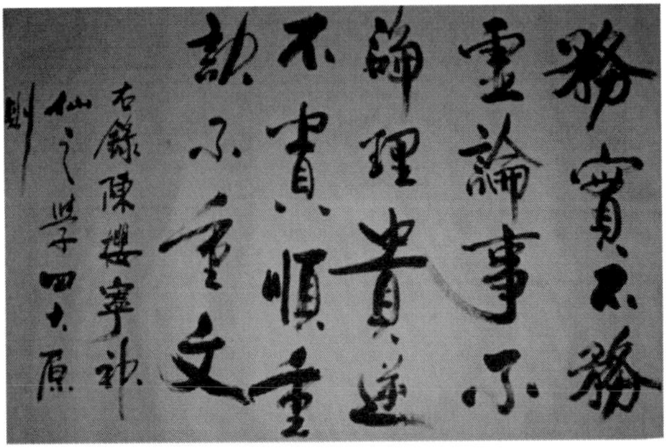

神仙學術四大原則

務實不務虛
論事不論理
貴逆不貴順
重訣不重文

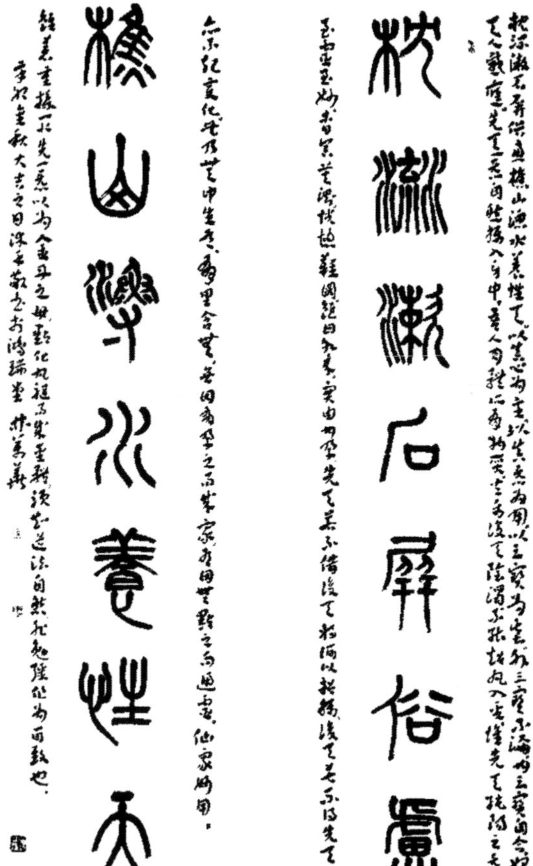

（一）法書華萬林

林萬華書法（二）

存眞書齋仙道經典文庫緣起

仙道學術，淵遠流長，自軒皇崆峒問道，至今已歷數千年。然歷代仙道大家之經典著述，由於時代之變遷，或埋於館藏，或收於藏海，或佚於民間，或存於方家，若欲覓之，誠爲不易。故對一些孤本要典進行重新編校整理，以免其失落，實屬必要。存眞書齋仙道經典文庫之編輯，卽由此而起。

存眞書齋仙道經典文庫之整理計劃始於二零零四年，雖已歷五年，然由於諸多原因，公開出版頗費周折，文庫之第一種道言五種僅以自印本保存，流通之願難以得償。香港心一堂出版社社長陳劍聰先生，雅好道學，嘗以傳播中華固有之傳統文化爲己任。在得知存眞書齋仙道經典文庫出版之困難後，遂致電於愚，願將文庫公開出版，以廣流通。善莫大焉。

存眞書齋仙道經典文庫之整理出版，意在保留仙道文化之優秀資料，故而其所入选者，以歷代具有代表性的仙道典籍或瀕於失傳之佳作为主，内容皆須合乎正統仙道之原則，不涉邪僞。凡不合乎於此者，縱爲珍本，亦不在整理之列。

本文庫之整理出版，得到了胡海牙老師的大力支持，及存眞書齋諸同仁的通力協助，在此謹致以衷心的謝意。另外，還要特别感謝心一堂出版社陳劍聰先生對文庫出版所提供的方便，及張莉瓊女士、王磊龍靈老弟、劉坤明先生爲文庫的整理、出版所付出的努力與關心。

願文庫之出版，能爲仙道文化資料之保存小有裨益，則愚等之願遂矣。

己丑夏日蒲團子於存眞書齋

編輯大意

一　李文燭道書四種，係存眞書齋仙道經典文庫第十一種，收錄明代李文燭道學著述四種，一曰陰符經直註，二曰悟眞篇直註，三曰金丹四百字解，四曰正續黃白鏡。

二　李文燭，字晦卿，號夢覺道人，鎭江人，明萬曆間人，著有參同契直註、悟眞篇直註、陰符經直註、金丹四百字解、正續黃白鏡等。李著流傳較少，除正續黃白鏡、金丹四百字解尚見於世，參同契直註、悟眞篇直註、陰符經直註三種很難一睹眞容。本次整理據鈔本而來，然參同契直註一書依然未曾覓得，待他日尋得後再行補入。

三　對於李文燭的著述，陳攖寧先生曾批評曰：「凡李晦卿所作之書，無論講黃白術或講陰陽法，皆是杜撰捏造，自欺欺人。」本次整理，存眞書齋諸同仁亦考慮及此。然因李文燭所著之參同契直註、悟眞篇直註，經清初知幾子仇兆鰲、存存子陶素耜在其著述中引用之後，曾引起一些仙道人士之關注，又因其著多用隱語，故作爲資料計，進行整理出版，以供諸同道參研。

四　本書是從他處抄來，整理時無校本可參考，特別是陰符經直註、悟眞篇直注兩種，除了對明顯的錯字進行改正外，均依原鈔本。至於金丹四百字解、正續黃白鏡兩種，則參考了世傳刻本。

五　本次整理，龍靈先生、張莉瓊女士均參與了相關工作，特此致以謝意。並感謝香港心一堂及陳劍聰先生對本書出版提供的便利。

癸巳年中秋節蒲團子於存眞書齋

目錄

金丹四百字解

正續黃白鏡

附篇

陰符經直註

軒轅黃帝　著

夢覺子李文燭晦卿　直註

陰符經直註敘

夫陰符經者，陰，性也；　符，命也。　一切衆生，無論胎生、卵生、濕生、化生，凡是含靈之屬，莫不由丁壬妙合而有其命。　一靈陰性，撞在人命竅中，則謂之人；　物命竅中，則謂之物。　第命有修短，性無生滅，命存則性住，命盡則性去。　二氏聖人，知命無常，不待其盡而預爲之地。　一曰明心見性，一曰修心煉性。　所謂心，卽吾人一點没念頭的本來清淨之心；　性，卽無始以來一點不生不滅的妙明眞性。　所以修者，求其明也；　所以明者，因其修也。　不修則不能明，不明則不能證佛果仙果。　性猶火，心猶膏。　火無我，以膏薪爲命；性亦無我，以心爲命。　今之學者，不知心爲性命根蒂，膠柱先入之言，認定識神爲性，頂戴長缸，至死不悟。　更有一等呆人，見毛是鴨，指鹿爲馬。　入在空門，自謂修性足以盡道，動輒呵斥黄冠爲外道；　入在玄門，自謂修命足以盡道，動輒僝僽緇衣爲鬼趣。　各立籓籬，互相非是，及其究竟兩家入手，修性者，畢竟不知修性；　修命者，畢竟不知修命。　況舍利金丹，乃眞空實相，不修命者，必不能成；　不修性者，亦不能成。　性命合一之道，總之不離本心。　能見自本心者，卽所以修性也；　能煉自本心者，卽所以修命也。　性以無爲而修，命以有爲而修。無爲之法，實無以爲，可以心悟，不可以言傳。有爲之法，其事雖簡，其理至微，未承師旨者，愼勿以私智小慧揣摩臆度。大概此法，以吾人一點没念頭本來清淨之心，立爲眞土。以彼家一點没念頭的本來清淨之心懸在西畔月中内三爻之下，立爲眞鉛；懸在東畔月中外三爻之中，立爲眞汞。眞鉛眞汞，雖曰是心，實未生也；眞土當中，雖曰非念，實未死也。以未生之心，煉吾未死之心，則生者不生，死者不死。不死不生，是謂無生。無生之心，卽涅槃妙心。得涅槃妙心者，纔爲出世之人。吾又求其眞鉛眞汞之根，乃至陰至陽所成。至陰肅肅，至陽赫赫。肅肅出乎天，赫赫出乎地。是故丹房之内，嘗以天地爲爐鼎，日月爲藥材。然不知天地運行，日月推遷，孰主張是，孰綱維是。噫！我知之矣：自然主張之，自然綱維之。且如至陰一勝，則天道自然浸浸乎動於下閉；至陽一勝，則地道自然浸浸乎動於上閉。動於下閉者，則直；動於上閉者，則闢。一直一闢，自然運行，自然推遷。自然之妙，天得之而爲道，人用之而爲術。要之，此術在陰陽相勝之時，發一盜機耳。所謂盜機者，取諸身而人莫知其爲所取，曰盜曰機。吾又聞此盜機，雖愚昧小人，苟若得之，則立躋聖位。因而上帝甚秘，玄禁甚嚴，非有夙因者不遇，非有至德者不傳。傳得其人，傳者有功；傳非其人，傳者有罪。抱斯術者，愼斯術也。後學者，有志於出世，須要預種善因，以爲仙佛種子。借令爲人之臣者，務要盡忠；

爲人之子者，務要盡信。毋妄想，毋妄言，毋妄動，廣行方便，普救群生。雖蚤虱蚊蟲，形雖至渺，亦含佛性，不可輕易殺害。勿因善小而不爲，累絲可以成錦；勿因惡小而爲之，積羽可以沉舟。莫道天不聰，人間私語，天聞若雷；莫道天不明，暗室虧心，神目如電；莫道天不報，福善禍淫，飛霜降玉。天與聖人，不以耳聽，而以心聽；不以目見，而以心見。雖不福禍人，而人自不能逃乎禍福。諺云：「未修仙道，先修人道；人道不修，仙道遠矣。」

萬曆辛丑八月既望丹徒夢覺道人李文燭晦卿敘

陰符經直註上卷

軒轅黃帝　著　夢覺子李文燭晦卿　直註

觀天之道，執天之行，盡矣。

觀上天雖成一段至大至陽之象，然此象卽含一點至精至微之理。此理無象無形，非空非色，聖人不得已，而强以此理名之爲「天之道」。又不得已，而强以此名之爲「陰陽」。大抵道卽陰陽之體，陰陽卽道之用。「二用無爻位，周流行六虛。往來既不定，上下亦無常。」惟其有往來上下，故又在往來上下中分其陰陽。自上而降下者屬陰，陰主殺伐；自下而升上者屬陽，陽主發生。大塊之上，一切草木，遭此下降之勢，未有不色衰氣索、葉脱枝枯者。及其一乘上升之氣，隨卽芽萌葉放，花發菓垂。觀天之道，雖能殺伐草木，然又能令草木復又發生。只這一着復又發生草木的道理，與夫草木復受生氣的機緘，就是上天明示丹房一個絕妙修煉榜樣。所以此經開卷卽曰「觀天之道」者，正爲教人觀此榜樣也。修眞者，何不學草木歸根之法，執其天而行之，避其下降之勢，乘其上升之氣？修煉之法，盡於是矣。故曰：「觀天之道，執天之行，盡矣。」

天有五賊，見之者昌。

天上那點至精至微之物，一動於其上，其勢必至於就下。夫惟就下，吾故知其屬陰。此陰本爲丁火，因其未曾成象，所以儒家以之而爲理，道家以之而爲神。然此神再無別個方法可以收得，亦無別項器皿可以受得，止有一個五賊，與天同類。

五賊者，地也。蓋爲地中亦有一點至精至微之物，此物本爲壬水，因其未曾成形，故又强名謂之先天一炁。天地見之者，自然妙合；神氣見之者，自然凝結。天地一合，天之神不知不覺，被地盜將下來，結成一粒黍米玄珠，懸於腹内，此卽萬物之母。丹房之内，全藉此母以爲丹頭。故曰：「天有五賊，見之者昌。」

地屬土，其卦爲坤。河圖云「天五生土」，奇門又以五寄於坤。因地善偷此神，故又託名謂之「五賊」。

五賊在心，施行於天。

五賊未與天合之前，原屬坤卦。坤形六段，其腹本空，何嘗有心哉？因與天交之後，天之神被偷將下來，凝在腹中，結成一粒黍米玄珠，由是而賊纔有心。修眞者，若肯以此心依舊施行於汝，則汝亦登時心死，心死卽金丹。由金丹證果者，乃天仙也。故曰：「五賊在心，施行於天。」

宇宙在乎手，萬化生乎身。

吾讀四百字，至「混沌包虛空，虛空括三界；及尋其根源，一粒黍米大」，由是而知「宇宙」兩字單指五賊腹中一粒黍米玄珠而言。修眞者，玄珠一得手，心華自凝結。心華凝結，神水自然生乎一身。神水者，卽萬物化機也，故名「萬化」。大抵結聖胎，全藉神水之功，纔得「一載胎生一個兒，子生孫兮孫又枝」，故曰「宇宙在乎手，萬化生乎身」。

天性，人也；人心，機也。立天之道，以定人也。

天未嘗無心，但天之心不生念。人能如天之心不生念，纔謂之眞人。故曰：「天性，人也。」眾人之心，純是機械，無一息停，不注於惡念，卽注於善念。殊不知念無善惡，有念卽落輪迴。故曰：「人心，機也。」

立天之道，曰陰與陽。定，卽證也。修眞者欲證眞人果，須用陰陽煉死此心，心死百念自息，念息纔證眞人果。故曰：「立天之道，以定人也。」

天發殺機，移星易宿。

天上那點至精至微之物，未出龍關已前，本爲大道，一出龍關之外，其性屬陰而就下，便能肅殺萬物，故名「殺機」。此機一動，如野馬生猿，顛蹶踣驟，奔逸絕塵，頃刻移出星張，倏忽易過箕斗，旋而右轉，至於昴畢之上，始現微陽之象。故曰：「天發殺機，移星易宿。」

地發殺機，龍蛇起陸。

天上那點至精至微之物，卽神也；地中亦有一點至精至微之物，卽氣也。此氣偏能殺伐此神，故亦謂之「殺機」。神氣相交，乾道成龍，坤道成蛇。易云：「龍，陽物也。」詩云：「爲虺爲蛇，女子之祥。」故曰：「地發殺機，龍蛇起陸。」

人發殺機，天地反覆。

修眞之士，身中一竅，名曰心華。此華之性，偏能擒鉛制汞，故亦謂之「殺機」。

鉛譬初三日酉時月中一畫乾金，汞譬念八日卯時月中一畫坤土。只此一乾金，一坤土，修眞之士逆取歸身，是名「天地反覆」。故曰：「人發殺機，天地反覆。」

天人合發，萬化定基。

凡人與天，其機皆陰，不可合發。惟金丹已結，先天一氣生乎一身，纔與天上那點至精至微之神合發。得先天一氣，乃萬物化機，故名「萬化」。金丹乃先天一氣之母，故名「定基」。修眞者，要與天去合發，除非築住基址。故曰：「天人合發，萬化定基。」這八個字，乃金丹已成之後，結聖胎、煉陽神的口訣。

性有巧拙，可以伏藏。

巧性，取喻眞鉛；拙性，取喻眞汞；伏，即降伏之謂也；藏，即人之本心也。無論性之巧、性之拙，皆可以降伏人之本心。故曰：「性有巧拙，可以伏藏。」

清淨經曰：「天清地濁，天動地靜；男清女濁，男動女靜。」吾故知清而動者屬陽，其性故巧；靜而濁者屬陰，其性故拙。

我太上門中，嘗以人之本心託名謂之「水銀」，又以「水銀」託名謂之「姹女」。參同契曰：「河上姹女，靈而最神。得火則飛，不見埃塵。鬼隱龍匿，莫知所存。」惟其這點本心，如鬼如龍，匿於六塵緣影之中，吾故知「藏」之一字，專指人之本心而言也。

九竅之邪，在乎三要，可以動靜。

乾三連，坤六段，三六合言爲九。水一數，火二數，一二合言爲三。乾坤竅妙，其要全在水火。水火一合，乾道成動，坤道成靜。故曰：「九竅之邪，在乎三要，可以動靜。」

「邪」字中間還有口訣，恐干玄禁，不敢直洩。

火生於木，禍發必剋。

男子十六歲，汞足神全，尚爲乾象。奈何情竇一開，遍身是火，燒破西北，遂成離象。故曰：「火生於木，禍發必剋。」

姦生於國，時動必潰。

女人十四歲，金旺氣盈，尚爲坤形。奈何情思一動，壬水潰泛，流破西南，遂成坎形。故曰：「姦生於國，時動必潰。」

知之修煉，謂之聖人。

惟至人、元君，洞曉陰陽，精通造化，知火之將發，水之將動，牢固七門，關防六賊，牽龍執虎，以汞投鉛，造鴻濛已前之天，鑄混沌未分之地，取而服餌，立躋聖位。故曰：「知之修煉，謂之聖人。」

陰符經直註中卷

軒轅黃帝　著　夢覺子李文燭晦卿　直註

天生天殺，道之理也。

天含一符至陰肅肅之氣，氣含一點至精至微之理，雖能肅殺萬物，然而萬物實由此理而生。二月榆莢落，八月薺麥生，生中帶殺，殺中帶生，故曰「天生天殺，道之理也」。

據師所傳，此二句非經正文，秦人誤錄在內，久之遂爲眞。

天地，萬物之盜。

天地氤氳，萬物盜天地氤氳之氣而化醇，故曰「天地，萬物之盜」。

萬物，人之盜。人，萬物之盜。

修眞之士，乘萬物化醇之始，有氣無質，竊而服之，心華一點，登時凝結。故曰：「萬物，人之盜。」

萬物非人，無以遂其生育長茂。然萬物供人之資取，則不免於戕害。故曰：「人，萬物之盜。」

三盜既宜。

天、地、人、萬物相盜而適當其時，故曰「三盜既宜」。

三才既安。

上文總言天、地、人、萬物互相吞盜之意，此又細分鉛、汞、土三物互相擒制之妙。眞鉛乃先天之天，眞汞乃先天之地，眞土乃先天之人，只此一天、一地、一人，並生成三才。惟此三才，纔能互相擒制。張平叔不云「眞土擒眞鉛，眞鉛制眞汞，鉛汞歸眞土，身心寂不動」？夫惟身心不動，大塊已息，我已死矣。心既死，何等安閒？故曰：「三才既安。」

作者慈悲，猶恐後人信之不及，復引前聖遺文以印己言。

故曰：「食其時，百骸理；動其機，萬化安。」

乾坤鼓動殺機，微陽乍立，有氣無質，玄酒味方淡，太音聲正希，此卽他家活子時。修眞之士，取而服餌，五臟不必求嬰而自嬰矣，百骸不必求孩而自孩矣，萬緣不必求息而自息矣。故曰：「食其時，百骸理；動其機，萬化安。」

人知其神而神，不知不神之所以神。

世人以爲修煉神仙之法，必有神妙做手，而不知此法至簡至易，本無神妙。惟無神妙，所以能成其神妙。故曰：「人知其神而神，不知不神之所以神。」其所以不神之故，解在下文。

日月有數，大小有定，聖功生焉，神明出焉。

按參同契曰：「坎男爲月，離女爲日。」按悟眞云：「日居離位翻爲女，坎配蟾宮却是男。」日月卽坎離形象，坎離卽男女，水火象男女。形象昭著，莫大乎日月。象日月之道者，明顯莫過於男女。日行速，一晝夜一周天，男子一晝夜亦陽生一遍；月行遲，一月一周天，女人一月亦經行一遍。故曰：「日月有數。」

日月合璧而光明生，光在朔後三日則爲新月，新月屬陽，故爲大；光在晦前三日則爲曉月，曉月屬陰，故爲小。男女交媾，而胎孕成，得乾道者則爲男胎，男胎屬陽，故爲大；得坤道者則爲女胎，女胎屬陰，故爲小。故曰：「大小有定。」

修眞者，明大小之妙，得陰陽之根，心華一點，無質生質，故曰「聖功生焉」。聖功者，卽金丹也。金丹者，卽神室也。神室既然成就，神卽有所依附。神既有所依附，調神出殼，又能何難？故曰：「神明出焉。」

這四句經文，專爲發明上文「不神而神」之妙。

其盜機也，天下莫能見、莫能知，君子得之固躬，小人得之輕命。

這段經文，乃誨弟戒師之辭。

會盜殺機中生機的人，便是神仙。神仙天下莫能易見，是神仙之術天下莫能易聞。萬一弟子有緣，得遇眞師，務要至敬盡禮，虛心請教。況此鴻寶，萬劫一傳，不可目爲泛常之事。故曰：「其盜機也，天下莫能見、莫能知。」

然而師度弟子，更要謹愼。使若君子得聞盜機，良賈深藏若虛，盛德容貌若愚，密密修煉，固濟身命，故曰「君子得之固躬」；然或小人得聞盜機，輕師耳提面命，浪洩非人，不但自遭天譴，亦且禍延傳者，授受之間，不可不愼，故曰「小人得之輕命」。

陰符經直註下卷

軒轅黃帝　著　夢覺子李文燭晦卿　直註

瞽者善聽，聾者善視。絕利一源，用師十倍；三返晝夜，用師萬倍。

人之精神命脈，原自有數，不在於此，則在於彼。且如瞽者精神命脈全聚於耳，聾者精神命脈全聚於目，是故瞽者可使之審音律，聾者可使之察秋毫，爲其心專久縱橫故也。故曰：「瞽者善聽，聾者善視。」

修眞之士，果能絕聖棄智，返乎嬰兒，無見之見，是爲眞見；無聽之聽，是爲眞聽。惟其內具眞見眞聽，所以勝用耳目之眾十倍矣。故曰：「絕利一源，用師十倍。」

修眞之士，既能黜耳目聰明，返到嬰兒地步，設使再能逆取陰陽歸身，三開三闔產眞鉛，三文三武降汞性，將一身陰氣逐盡，心華結就一點紅，師言只此是還丹。此時表裏光明，六通全具，豈不勝用耳目之眾萬倍哉？故曰：「三返晝夜，用師萬倍。」

心生於物，死於物，機在目。

心乃虛無之谷，神氣之根。昔張平叔先生不知此根，强名謂之「身中一竅」。貧道久聞「此竅非凡竅，乾坤共合成」，故曰「生於物」；又聞「眞土擒眞鉛，眞鉛制眞汞，鉛汞歸眞土，身心寂不動」，故曰「死於物」。世人以爲心生心死之理玄遠難求，而不知此機只在目睫之間也，故曰「機在目」。

天之無恩，而大恩生。

天地不仁，以萬物爲芻狗，那得有恩？況天上那點至精至微之物，不但不發生萬物，且殺伐萬物。故曰：「天之無恩。」

雖然，天固無恩也，然而天地一合，天上那點至精至微之物，一入地中，化爲眞鉛眞汞，萬物見之，未有不勃然而生者。故曰：「而大恩生。」

迅雷烈風，莫不蠢然。

雷爲震，震下一鈎微陽卽鉛也；風爲巽，巽下一痕微陰卽汞也。人服鉛汞者，莫不心死。心死之人，內境不出，外境不入，不出不入，豈非蠢然？

至樂性餘。

男火性，火屬離；女水性，水屬坎。坎卦上下兩爻皆陰，謂之缺；離卦中間一爻兩段，謂之陷。惟其有此缺陷，所以不得自在。善男信女，能以鉛汞二物，補完兩卦，此即男女之金丹也。金丹乃極樂世界，光明圓滿，再無不足之處，故曰「至樂性餘」。

至靜性廉。

人心圓轉活潑，流動飛揚，所以不靜。因得眞鉛眞汞，把內外修補完全，纔得實死。實死之心，如金剛之堅，如牆壁之定，纔不爲一切世欲所染。故曰：「至靜性廉。」

天之至私，用之至公。

天上所含一點至精至微之物，其性就下，故知屬陰。陰者，私也。此陰一動，人欲橫流，謂之「至私」，不亦可乎？雖然，但天地之大，萬物之衆，莫不資借此陰以始，故曰「天之至私，用之至公」。

禽之制在氣。

禽乃乾宮朱雀一點火神，氣卽坤宮一點先天一氣。神之合氣，如磁石吸鐵，隔礙潛通；氣之制神，如水潑火，不得不滅。故曰：「禽之制在氣。」這五個字，乃煉藥的口訣。

生者死之根，死者生之根。

人心本如水銀，生則謂之木汞，死則謂之金丹。本汞生死無常，故曰「生者死之根」；金丹萬劫不壞，故曰「死者生之根」。這十個字，乃煉丹的口訣。

恩生於害，害生於恩。

世人皆知火能害金，而不知金由火化，故曰「恩生於害」；世人皆知火乃心華所生，而不知火一化而爲金，卽能制伏吾之心華，故曰「害生於恩」。

愚人以天地文理聖。

愚人，卽女人也；　天地，卽鉛汞也；　文理，卽修理也；　聖，卽土也。太陰煉形之法，先以鉛汞修理其土，故曰「愚人以天地文理聖」。

清靜經曰：「男清女濁，男動女靜。」吾故知「愚人」兩字，專指女人而言。箕子曰：「思曰睿，睿作聖。」吾故知「聖」之一字，專指鉛土而言。

我以時物文理哲。

時物，卽初三日酉時一痕新月之光，念八日卯時一痕曉月之光；　哲，卽汞也。我煉金丹，以兩痕月光修理己汞，故曰「我以時物文理哲」。

箕子曰：「視曰明，明作哲。」吾故知「哲」之一字，專指己汞而言。

人以愚虞聖，我不愚虞聖。

虞，卽猜度也；　聖，卽金丹也。世人見我開口說講陰陽，因而猜我金丹出在女人身上，殊不知「貧子衣中珠，本自圓明好。不會自尋求，却數他人寶」。我因會向身中尋求此珠，所以不在女人身上摸索。故曰：「人以愚虞聖，我不愚虞聖。」

人以奇其聖，我不奇其聖。

奇，卽耦之對待。世人見說金丹是我身中具足之物，因而疑我必是獨修。殊不知「陽裏陰精質不剛，獨修一物轉羸尫」。所以我不是獨修。故曰：「人以奇其聖，我不奇其聖。」

沉水入火，自取滅亡。

沉水者，是用鼎；入火者，是獨修。丹乃心華所結，心華非外物也。世人不知此理，沉溺彼家，千方百計，求丹於外，或行九一，或學展縮，或取梅子，或取紅鉛，如此行持，非惟不能成事，徒足以自取滅亡。此又專爲伐「愚虞聖」之弊。且如藥自外來，實實由陰陽配合而有功。世人不知此理，只在一身摸索，認陽物無舉爲藥生，行清淨無爲，調、數、守、閉，收拾陽回，以爲採取。但此火日積月累，蓄積滿身，若能念念不愚，亦可却病。萬一一念不謹，此火一發，甚致焚身，愚夫愚婦尚認爲三昧火。更有一種呆人，其心未死，先學死心，忘機絕念，空諸所有，殊不知一念絕卽死。如此行持，豈非自取滅亡而何？此又專爲伐「奇其聖」之弊。故曰：

「沉水入火，自取滅亡。」

自然之道靜，故天地萬物生。

此以下非經本文，乃唐神仙李筌所續，專爲闡明陰符之旨。單論順行之道。二五之精，自然妙合，合卽凝，凝卽靜。一靜之間，身從此有，命從此立。非但人自這般生來，雖天地之大，萬物之衆，莫不由此一靜生來。故曰：「自然之道静，故天地萬物生。」

天地之道浸，故陰陽勝。

浸，卽浸漏也；勝，卽强勝也。男子十六歲，其精浸浸然要漏，因其陰汞之氣强勝故耳；女人十四歲，其經浸浸然要漏，因其陽金之氣强勝故耳。故曰：「天地之道浸，故陰陽勝。」

陰陽相推，而變化順矣。

男子身中一點丁火，謂之陰血；女人身中一點壬水，謂之陽精。丁壬一合，丁卽變而非丁，壬亦變而非壬。或化一粒死水銀，或化一粒死水金。此乃順行之道，生身之根。故曰：「陰陽相推，而變化順矣。」

聖人知自然之道不可違，因而制之。

不可違者，先天之時也。「先天而天弗違，後天而奉天時，天且弗違，而況於人乎？」聖人知時不可違，以法節制，不令輕易交易，故曰「聖人知自然之道不可違，因而制之」。

至靜之道，律呂所不能契。

至靜之道，就是前章「自然之道靜」。嬰兒乍立，如草頭露珠，混沌無心。惟其如是，所以神也覷他不破，律呂又安得而契之也？故曰：「至靜之道，律呂所不能契。」

爰有奇器，是生萬象。八卦甲子，神機鬼藏。

坤有壬水長生，水之數一，故名「爰有奇器」。夫此器也，萬物資之以生，故名「是生萬物」。直符加臨東北幽陰之地，故名「八卦甲子」。但東北原有兩條大路，一路直抵玄關，一路徑通地獄，故名「神機鬼藏」。況東北原號生門，又名鬼户。連山首艮，周易「喪朋」，良有深意存焉。世人多以乾坤六子爲八卦，至於以艮爲八卦，不通遁甲者不能知之。

陰陽相勝之術，昭昭乎進於象矣。

男子精神將盈，女人血氣將滿，此卽陰陽相勝之時。但陰陽一相勝之間，却有無限作用，故爲之術。此術可爲明顯而易見者，奈何百姓日用而不知。故曰：「陰陽相勝之術，昭昭乎進於象矣。」

宋天台張伯端平叔　撰　明京口李文燭晦卿　直註

悟眞篇直註

悟眞篇直註序

宋天台張平叔先生者，南五祖之領袖也。雖爲胥，心切於出世。受業於海蟾劉眞人，卒學大道。道成，著悟眞篇三卷，單闡黃老之秘。顧此篇立名「悟眞」之意，單不止單悟一性而已，乃悟妙法之眞也。詩云：「饒君了悟眞如性，未免拋身却入身。」又云：「不悟妙法之眞，却怨神仙謾語。」審此四語，「悟眞」二字可謂昭昭矣。凡我同志者，不可不悟妙法之眞。

所謂妙法之眞者，卽性命雙修之法。要知此法，不出眞性、眞心、眞鉛、眞汞四者之外。

眞性合於眞心之內，眞心懸於至中之處。夫謂之曰眞心者，卽非肉團血塊及念慮思想，不在上下四維，亦不在中間內外，在喜怒哀樂未發前，意必固我既忘後，恍恍惚惚，其中有物，杳杳冥冥，其中有精，其精甚眞，其中有信。因其太上謂此爲信，前輩諸公乃敢擬之而爲眞土。因其此土懸於至中之處，不肖燭，乃敢擬之而爲眞心。惟是心也，纔爲虛無之谷。吾人一點眞機，託於此內。眞機者，性也；眞心者，命也。自其性未入命者言之，如大海之內覆舟之人，茫然無着，猶恐其無所附，又何暇擇其爲人爲物也？自其命未受性者言之，如新創傳舍，塊然無知，任其所投，又何嘗有心以要納此性？此感應之理，自然之道耳。

大率性來入命，謂之生；性去離命，謂之死。將欲養性，延命却期。延命之術，不外乎眞鉛眞汞。眞鉛旋生於坎府，眞汞旋產於離宮。坎離兩卦，其名雖異，實同出於太極一圈之內。眞性眞心，在內而不在外；眞鉛眞汞，在外而不在內。雖曰在外，又不可向身外求之，實在身中；雖在身中，又不可在一身摸索。此二物者，乃天地之始氣，萬物之母氣。因其未曾受性，故爲無主之心。無主之心，卽無主之命。無主之命，乃鴻濛已前之命；無主之心，乃混沌已前之心。以混沌已前無主之心，而爲丹頭，煉我太極已破之心，我之心不得不凝；以鴻濛已前無主之命，而爲油草，接我將竭未終之命，我之命不得不復。且一人之命，卽能百年，況以心煉心，積衆心而爲一心，以命接命，得衆命而爲一命，安得不長生久視而仙者乎？修眞者，勿謂心不可積而命不可摶，獨不見衆水可合爲一水，衆火可攢爲一火，衆木可接爲一木，衆金可鎔爲一金，衆土可和爲一土。且四百字云：「一粒復一粒，從微而至著。」參同契云：「服食三載，化形而仙。」黃庭經云：「仙人道士非有神，積精累氣以成眞。」三聖之言，若合一轍，積心摶命之說果有耶無耶？平叔先生乃以此篇題名曰「悟眞」者，正欲誨人悟此妙法之眞。奈何方士及縉紳先生，不悟妙法之眞，反又極口詆毁此篇，曰悟眞篇是「悮人篇」。一人倡其說，衆人從而和之，傳到於今，不知悮了多少矮人。

愚性喜讀内典、參同契，及此篇，尤其所耽者。但參同契出漢人手，文章既已高古，而又加以謎語。即一姓氏，頗無關係，尚爾破爲魏「委時去害，與鬼爲鄰」。至於入室臨爐下手關鍵，又不知當何如。總之，不如此篇，文章典顯，用字平正。況鼎器藥物、火候斤兩、抽添沐浴、築基煉己，凡是丹房應用之物，及應行之事，不論巨纖，無一不備。以管見評之，此篇應列於參同契之上。縱不然，亦當與參同契並稱，而爲萬古丹經之王。嗚呼！天若不生魏伯陽先生，黄老之書幾於泯滅；使若不生張平叔先生，或者參同契亦將爲萬古長夜矣。惜不肖燭，不幸適當天地晦冥之際，竟爲劉青田累，被收夏臺，月有三日。因而竊不自量，倣西伯故事，即以此篇首首詩詞下，直註數語。雖不成文，至於性命之理，造化之根，修煉之法，採取之時，可謂發洩殆盡矣。具眼者自能契之。

萬曆辛丑夏望日寓豫章閒雲館丹徒夢覺道人李文燭敘

悟眞篇上卷直註

宋天台張伯端平叔甫撰　明京口李文燭晦卿甫註

七言四韻一十六首 以表二八一觔之數

其一

不求大道出迷途，縱負賢才豈丈夫。百歲光陰石火爍，一生身世水泡浮。只貪利祿求榮顯，不顧形容暗悴枯。試問堆金等山嶽，無常買得不來無？

迷途即陰陽，大道亦陰陽。迷途之陰陽，乃世間法；大道之陰陽，乃出世間法。大率世間法，即是出世間法；出世間法，即是世間法。我能善用世間法者，即成大道；吾爲世間法所用者，即入迷途。

丈夫乃大雄乾健之稱。我爲離女，若不求變大雄乾健之體，雖賢能讓國，才能倚馬，徒負虛名，何補於性命哉？非夫也，吾不取焉。故曰：「不求大道出迷途，縱負賢才豈丈夫。」況百年一瞬，泡身易壞，黃金萬鎰，難買無常。

其二

人生雖有百年期，壽夭窮通莫預知。昨日街頭猶走馬，今朝棺内已眠屍。妻財撇下非君有，罪業將行難自欺。大藥不求爭得遇，遇之不煉是愚癡。

人生百年，光陰能幾？壽夭不齊，未足爲恃。無常到來，身尚非其所有，況於妻財子祿？迷則作急尋師，悟則星下煉藥，莫令時不待人，甘立愚癡之地。

此二詩，乃警世之辭，高明之士，須當覺悟。

其三

學仙須是學天仙，惟有金丹最的端。二物會時情性合，五行全處虎龍蟠。本因戊己爲媒妁，遂使夫妻鎮合歡。只候功成朝北闕，九霞光裏駕祥鸞。

仙有數種，非止一等。有人仙，有鬼仙，有天仙，有神仙。心華一點，卽佛氏所謂清淨法身也。人得此身，則謂之人仙；鬼得此身，則謂之鬼仙。人能固守此身，可以千歲不死；鬼能固守此身，可以萬刦不生。惜乎此身屬陰，其色玄，其質柔，虛空之中，立脚不住，念頭一動，仍落輪迴，是以還不妙。須把此身煉成一塊純陽乾金，光明圓滿，湛然虛朗，此卽佛氏所謂圓滿報身也，纔謂之金丹。以金丹爲證仙果者，纔謂之天仙。大率人仙，鬼仙止於無爲。天仙之道，則兼以有爲。全藉鉛汞，煉得此身如金剛之堅，如泰山之安，動亦定，靜亦定，出入自由，心體無滯，入火不焚，入水不溺，入金石不礙，步日月無影，歷萬刦不壞，縱入胎不迷。平叔先生所以懇懇切切誨人曰：「學仙須是學天仙，惟有金丹最的端。」

二物者，卽鉛汞也。鉛乃陽物也，屬於情，其性獰惡如虎；汞乃陰物也，屬於性，其情猖狂如龍。非此二物，不能煅煉此身。非此法身，不能降伏龍虎。龍虎一入法身，如夫妻子母，情性自然相合，自然蟠結。故曰：「二物會時情性合，五行全處虎龍蟠。」

然而男子身中一點清淨法身，却又强名爲「己」；女人身中一點清淨法身，却又强名曰「戊」。使男女無此清淨法身，雖有汞婦鉛夫，誰架鵲橋成就兩家之好？故曰：「本因戊己爲媒妁，遂使夫妻鎭合歡。」大道不分男女，有志者皆可爲也。金丹完就，已證天仙，本乎天者親乎上，雖欲不飛昇，不可得也。故曰：「只候功成朝北闕，九霞光裏駕祥鸞。」

道人既露「神仙」一句，不敢不竟其說。神仙者，卽佛氏所謂千百億化身也。一載胎生一個兒，子生孫兮孫又枝。吾太上門中，以此化身，呼爲陽神。此神散則成胎，合則成體，故謂之「神仙」也。

其四

此法眞中妙更眞，都緣我獨異於人。自知顚倒由離坎，誰識浮沉定主賓。金鼎欲留朱裏汞，玉池先下水中銀。神功運火非終旦，現出深潭日一輪。

心華一點，卽眞也；煉此心華，卽法也。以心華而煉心華，乃眞法也。此法運動，與天地合其德，與日月合其明，與四時合其序，與鬼神合其吉凶，所以妙也。舉世方士，莫知此法，道人何幸，得以偕聞。故曰：「此法眞中妙更眞，都緣我獨異於人。」

世間之法，離却與坎，卽名順行； 金丹之法，坎却與離，是名顛倒。故曰：「是知顛倒由離坎。」

坎譬月，月中所懷者，有汞有鉛。汞譬念八日卯時東畔半輪月中一痕曉月之光，此光之月，隨日而升，升卽浮也； 鉛譬初三日酉時西畔半輪月中一痕新月之光，此光之月，隨日而落，落卽沉也。男子修煉，以鉛爲主，以汞爲賓； 女人修煉，以汞爲主，以鉛爲賓。不識浮沉，寧分主賓？故曰：「誰識浮沉定主賓。」

金鼎喻我，我卽離也； 玉池喻彼，彼卽坎也； 朱裏汞，卽吾家之心華； 水中銀，卽彼家之鉛汞。若欲留我鼎中這點心華住世，必先在玉池之下，下一種子，種鉛種汞。故曰：「金鼎欲留朱裏汞，玉池先下水中銀。」

鉛汞種子，卽先天神火也。得其訣者，頃刻釀成，心華一見，登時凝聚，結成一粒金丹，狀若明珠，形如旭日，金光閃爍，寶色輝煌。故曰：「神功運火非終旦，現出深潭日一輪。」

其五

虎躍龍騰風浪麤，中央正位產玄珠。菓生枝上終期熟，子在胎中豈

有殊。南北宗源翻卦象，晨昏火候合天樞。須知大隱居廛市，何必深山守靜孤？

道人先以玄珠闡明，庶有次第，方便後學修證。

心華一點，卽名玄珠。此珠能生意念思想，然亦不可以意念思想認爲此珠；此珠產於中央正位，然亦不可以中央正位認爲此珠。大概此珠人人本具，物物圓成，只爲六塵緣影障蔽，令人不能得見。若能掃盡塵緣，更將掃亦丟去，如赤子之在母腹，何思何慮，不識不知，自然當空顯象，現出一顆非色非空、若無若有的物來，此卽玄珠也。惟此玄珠，纔爲金丹材料。三教聖人，教人存心者，正爲存此珠也。此珠乃虛無之谷，神氣之根，天以此而爲天根，地以此而爲地軸，人以此而爲人極。但此物屬陰，有象無形，隨顯卽隱，不經煅煉，不得光明，不能堅剛住世，故假汞鉛之力。

汞屬木，木乃青龍；鉛屬金，金乃白虎。雲從龍，龍之性猖狂；風從虎，虎之性獰惡。龍虎交會於玄珠之內，一身陰邪之氣，被其追爍，如轟雷掣電之狀，飜江攪海之形。由是之後，玄珠一顆纔無質生質。故曰：「虎躍龍騰風浪麤，中央正位產玄珠。」

先天八卦，乾南坤北。且如乾宮一點神火，飜入坤宮之內，坤遂變而爲坎；坎宮兩品至藥，飜入離宮之内，離遂復而爲乾。故曰：「南北宗源飜卦象。」然而坎宮兩品至藥，一品卽汞，一品卽鉛。汞譬念八日卯時一痕曉月之光，此光一現，卽晨候也；鉛譬初三日酉時一痕新月之光，此光一現，卽昏候也。修眞者，將此二候之光，脱將出來，送入玄珠之内，卽名煉丹。故曰：「晨昏火候合天樞。」子爲六陽之首，故謂之「宗」，漸進陽火，由坤飜而爲震，由震飜而兑，由兑飜而爲乾；午爲六陰之首，故謂之「源」，漸退陰符，由乾飜而爲巽，由巽飜而爲艮，由艮飜而爲坤：周而復始，始而復終，十月功完，六百卦足，如枝頭之菓，胞内之嬰，熟則自然蒂落，時到自然化生。故曰：「菓生枝上終期熟，子在胞中豈有殊。」汞鉛二物，不產於深山，不生於窮谷，出於造化窟中，由神妙合而有。故曰：「須知大隱居廛市，何必深山守靜孤。」

其六

人人本有長生藥，自是迷徒枉擺抛。甘露降時天地合，黃芽生處坎離交。井蛙應謂無龍窟，籬鷃爭知有鳳巢。丹熟自然金滿室，何須尋草學燒茅。

心華一點，人人本具，此卽長生之藥也。可惜世人不識，順其所欲，埋没於六塵緣影之中，流浪於生老病死之域。故曰：「人人本有長生藥，自是迷徒枉擺抛。」甘露、黄芽，物非兩物，此物在天則爲甘露，入地則爲黄芽。然而大塊未結黄芽已前，本爲坤卦，一結黄芽之後，卽爲坎矣。且如上天將降甘露，合當以地受之，故曰「甘露降時天地合」；大塊既結黄芽，合當以離受之，故曰「黄芽生處坎離交」。坎離一交，「取將坎位中心實，點化離宫腹内陰。從此變成乾健體，潛藏飛躍盡由心」，豈不勝於燒茅尋草之事乎？故曰：「丹熟自然金滿室，何須尋草學燒茅。」似此玄機妙理，鄙夫俗人，愼勿與談。此輩之人，非獨不信，且生詆毁。蓋爲夏蟲原未見冰、井蛙原未覩海故也。故曰：「井蛙應謂無龍窟，籬鷃爭知有鳳巢。」

其七

要知產藥川源處，只在西南是本鄉。鉛遇癸生須急採，金逢望遠不堪嘗。送歸土釜牢封固，次入流珠厮配當。藥重一觔須二八，調停火候託陰陽。

鉛與金及西南，皆指坤言。蓋爲坤乃生身之處，產藥之源，故謂之「川源」「本鄉」。丹房之内，則無他物，止有幾副乾坤鼎器而已，借令重乾之下，六陽纔極，一陰將萌，就謂之「癸生」。此時急以坤去採取，以爲鉛汞種子。倘若採取稍遲，燒破西北，則大事去矣。故曰：「鉛遇癸生須急採。」

大抵坤乃象月，月本無光，感受日光，始有光也。晦朔夜，纔爲月圓，哉生明，纔爲時子。十五夜半子時，月到午，日纏子，上下相去一百八十二度有奇，名雖望見，其實隔遠，陰陽不得會合，方抱别離之恨，安得謂之爲圓？況金氣已老，不堪追攝矣。故曰：「金逢望遠不堪嘗。」

惟晦朔後，微陽乍立，有氣無質，玄酒味方淡，太音聲正希，這纔謂之他家活子時。修眞者，向此時中一口吸來，送入黄庭土釜，牢固封閉。黄庭土釜者，卽心華也。次服眞汞，以足一觔之數。眞汞者，卽流珠也。故曰：「送歸土釜牢封固，次入流珠斷配當。」

種鉛種汞之法，只在丁壬先後之間一點巧處，此卽火候也。故曰：「藥重一觔須二八，調停火候託陰陽。」

其八

休煉三黃及四神，若尋眾草更非眞。陰陽得類歸交感，二八相當自合親。潭底日紅陰怪滅，山頭月白藥苗新。時人要識眞鉛汞，不是凡砂及水銀。

煉丹之法，全賴同類。金石草木，皆屬外物。且如乾宮一點丁火，卽神也；坤宮一點壬水，卽氣也。惟神與氣，原與吾之心華出於一根，纔爲陰陽得類，纔爲二八相當，纔肯相親，纔肯交感。故曰：「陰陽得類歸交感，二八相當自合親。」

丹法難以直書，姑借日月爲喻。大抵月本無光，借光於日，念八日卯時，日將出海，一痕曉月，乙上高懸弓影，此時群陰斂跡，萬宿韜光，故曰「潭底日紅陰怪滅」；初三日酉時，日落西山，一痕新月，庚方淡掃娥眉，此時微陽新嫩，有氣無質，故曰「山頭月白藥苗新」。鉛汞根由，不外於是；凡砂濁汞，烏足爲論。故曰：「時人要識眞鉛汞，不是凡砂及水銀。」

其九

陽裏陰精質不剛，獨修一物轉羸尫。勞形按引皆非道，服氣餐霞總是狂。畢世謾求鉛汞伏，何時得見虎龍降。勸君窮取生身處，返本還元是藥王。

返卽七返，還卽九還。以火煉金，謂之返本還元。然返本還元之物，卽生身受氣之根，故曰「勸君窮取生身處，返本還元是藥王」。陽裏陰精，卽心華也。心華一點，不得生身受氣之物煅煉一番，斷然不能堅剛住世。大率金丹之道，性命雙修。不修命，萬劫英靈難入聖，故曰「陽裏陰精質不剛，獨修一物轉羸尫」；不修性，採得藥來無處安，故曰「畢世謾求鉛汞伏，何時得見虎龍伏降」。

其十

好把眞鉛着意尋，莫教容易度光陰。但將地魄擒朱汞，自有天魂制

水金。可謂道高龍虎伏，堪言德重鬼神欽。已知壽永齊天地，煩惱無由更上心。

地魄、水金，即眞鉛也；朱汞，即眞汞也；天魂，即眞土也。「眞土擒眞鉛，眞鉛制眞汞。鉛汞歸眞土，身心寂不動。」惟身心不動之人，纔謂之道高德重之士。我道果高而德果重，龍虎不敢不畏伏，而鬼神不得不欽仰也。從此已後，出生死之表，入太上之京，煩惱憂愁，又何由而得上我之心哉？故曰：「已知壽永齊天地，煩惱無由更上心。」

其十一

黃芽白雪不難尋，達者須憑德行深。四象五行全藉土，三元八卦豈離壬。煉成靈質人難識，銷盡陰魔鬼莫侵。欲向人間留秘訣，未逢一個是知音。

神火凝結，謂之黃芽；心華實死，謂之白雪。黃芽、白雪，本不難求，但恐德薄，難於消受，故曰「黃芽白雪不難尋，達者須憑德行深」。

金、水、木、火，謂之四象； 加以二土，謂之五行。大抵金無土不能成金，水無土不能成水，木無土不能成木，火無土不能成火。不獨金、水、木、火爲然，雖土，無土亦不能成土。獨不見河圖生成之數，天一生水，一與中間所虛之五相合，纔成六也； 地二生火，二與中間所虛之五相合，纔成七也； 天三生木，三與中間所虛之五相合，纔成八也； 地四生金，四與中間所虛之五相合，纔成九也； 天五生土，五與中間所虛之五相合，纔能十也。故曰：「四象五行全藉土。」

鉛乃元氣，汞乃元精，土乃元神。丹法無他玄妙，不過借此三元之氣，按八卦次序，朝進陽火，坤而至於震，震而至於兑，兑而至於乾，暮退陰符，乾而至於巽，巽而至於艮，艮而至於坤，將吾這點心華，煅煉實死。使無壬水，鉛也不能成鉛，汞也不能成汞，土也不能成土。壬水者，乃先天也。「先天而天弗違，後天而奉天時。」天且不違，況於人乎？」大概此水之功，又不減於土，故曰「三元八卦豈離壬」。

後四句，義理最淺，不必贅也。

其十二

草木陰陽亦兩齊，若還缺一不芳菲。初開緑葉陽先唱，次發紅花陰

後隨。常道積斯爲日用，眞源返此有誰知？報言學道諸君子，不識陰陽莫亂爲。

長生之術，不必遠有所求，一草一木之間，自有至理存焉。且如草木之在塊土，雖含一點生機，然不能自生自長，自收自藏，必借天地之氣，纔能生也長也、收也藏也。殊不知天地之間，一氣往來，循環不已。此氣降則屬陰，陰主殺伐；升則屬陽，陽主發生。草木無心，故能隨天地之氣往來，而有春生、夏長、秋收、冬藏。大率地本無氣可升，因天有一氣下降於地，地纔有一氣上升還天。草木接此方升之氣，枯者得以再榮，槁者得以復甦。使天無所降，則地亦無所升，豈不道機息矣？雖含花葉之理，憑藉何物以爲開發之機？由是觀之，陰陽不可缺一。金丹之道，亦復如是。故曰：「草木陰陽亦兩齊，若還缺一不芳菲。」

第三句取喻陽先小往，第四句取喻陰乃大來。常道，卽長生之道。世人不知長生之道只在日用之間積累生氣而已，故曰「常道積斯爲日用」。眞源，卽坎離也。能於坎中逆取這點生氣者，爲誰歟？舉頭天外望，無我這般人。故曰：「眞源返此有誰知？」

修眞者，無論內丹、外丹，必須洞曉陰陽，精通造化，纔敢煉丹。否則，終歸於歪弄也。故曰：「報言學道諸君子，不識陰陽莫亂爲。」

其十三

不識玄中顛倒顛，爭知火裏好栽蓮。捧將白虎歸家養，產個明珠似月圓。謾守藥爐看火候，但安神息任天然。群陰剝盡丹成熟，跳出樊籠壽萬年。

玄中顛倒之法，火裏栽蓮之法，捧虎歸家之法，剝盡群陰之法，千譬萬喻，無非取坎塡離。離中塡滿，卽是金丹。此丹一成，狀若明珠滿月。到此地位，百尺竿頭，再進一步，外守藥爐，測水定火；內安神息，絕慮忘機。十月功完，六百卦足，脫離生死，位證天仙。

其十四

三五一都三個字，古今明者實然稀。東三南二同成五，北一西方四共之。戊己自居生數五，三家相見結嬰兒。嬰兒是一含眞氣，十月胎完

入聖基。

乾含木火，木之生數三，火之生數二，三二合而爲一五； 坤含金水，金之生數四，水之生數一，四一合而爲一五； 戊己掌乾坤之門户，又得一五。乾坤一交，三五一合，卽成嬰兒。 嬰兒是一，人得一，萬事畢。 生人十月完胎，煉丹六百卦足。 故曰：「嬰兒是一含眞氣，十月胎完入聖機。」

其十五

不識眞鉛正祖宗，萬般作用枉施功。休妻謾遣陰陽隔，絕粒徒教腸胃空。草木金銀皆滓質，雲霞日月屬朦朧。更饒吐納經千載，總與金丹事不同。

心華凝結，卽名眞鉛，卽名金丹，命祖也是他，性宗也是他。 修行之路，除此一乘法，餘二卽非眞。 故曰：「不識眞鉛正祖宗，萬般作用枉施功。」

可憐一切在家出家善男信女，徒懷出世之志，不得遭遇眞師，盡被方外遊食之徒引入邪蹊曲徑，或離家，或辟穀，或煉金石草木，或吸雲霞日月，或吐故納新，或存想導引，三千六百傍門，任爾門門游遍，也尋金丹不着。 故曰：「更饒吐納經千載，總與金丹事不同。」

其十六

萬卷丹經語總同，金丹只此是根宗。依他坤位生成體，種在乾家交感宫。莫怪天機俱洩漏，都緣學者自迷蒙。若人了得詩中意，立見三清太上翁。

這八句詩，全重在第三句、四句上，其餘六句皆從論耳。

且以「種向」兩字言之。既曰種向，則必有種也。所謂種，卽神火也。「坤位」兩字，專指女人而言也；「乾家」兩字，單爲金丹已成之人而言也。女人所以能受神火而成凡孕者，以其身中有庚金建祿，經水長生故也；乾家亦能受此神火而結聖胎者，以其身中有金丹住世，神水時生故也。大率凝結聖胎之法，與生身受氣之理，毫髮無差。故曰：「依他坤位生成體，種在乾家交感宫。」

自古以來，千聖萬聖，留下千經萬經，都只爲此結胎一著而說。使男女無金丹，神水何自而來也？神水既無，神火得來，何處棲遲？共誰交姤？故曰：「萬卷丹經語總同，金丹只此是根宗。」後闕

悟眞篇中卷直註

宋天台張平叔伯端甫撰　明京口李文燭晦卿甫註

七言絕句六十四首 以象八八六十四卦之數

其一

先把乾坤爲鼎器，次摶烏兔藥來烹。既驅二物歸黃道，安得金丹不解生？

平叔先生丹法，原不是獨修獨煉。以乾坤爲鼎器，烏兔爲藥物，乾坤一交，烏兔一合，乾道卽成眞鉛，坤道卽成眞汞。故曰：「先把乾坤爲鼎器，次摶烏兔藥來烹。」修眞者，將此眞鉛眞汞驅歸黃庭土釜，心華一點，不得不凝。心華凝結，卽名金丹。故曰：「既驅二物歸黃道，安得金丹不解生。」

其二

安爐立鼎法乾坤，煅煉精華制魄魂。聚散氤氳成變化，敢將玄妙等閒論。

黃老之術，要在同類中取眞陰眞陽，立爲乾坤鼎器。故曰：「安爐立鼎法乾坤。」乾坤一交，乾道卽成眞鉛，眞鉛屬陽，陽者，魂也；坤道卽成眞汞，眞汞屬陰，陰者，魄也。吾人身中一點清淨法身，太上以之而爲眞精，白紫清先生以之而爲心華，今平叔先生又總其名曰「精華」。大抵鉛魂汞魄，一入清淨法身之內，聚而不聚，散而不散，氤氤氳氳，纔成變化。但此身含在七情六慾之中，若非大用一番煅煉，斷然不能出現。故曰：「煅煉精華制魄魂。」

其三

休泥丹竈費工夫，煉藥須尋偃月爐。自有天然眞火候，不須柴炭及吹噓。

坤有庚金建祿，經水長生。庚金一月一番圓缺，經水一月一次消長。惟其有圓缺，所以謂之偃月爐； 惟其有消長，所以謂之天然火候。 世人不知此理，朝去泥爐，暮去弄竈，徒費精神，於道霄壤。 故曰：「休泥丹竈費工夫。」

其四

偃月爐中玉蕊生，朱砂鼎內水銀平。只因火力調和後，種得黃芽漸長成。

丹法專借太陰爲喻，且如初三日酉時新月，所懷者一畫乾也。 乾爲金爲玉，所以謂之「玉蕊生」。 念八日卯時曉月，所懷者一畫坤也。 坤爲砂爲汞，所以謂之「水銀平」。 大抵懷玉蕊之月，名偃月爐； 懷水銀之月，名曰朱砂鼎。 玉蕊、水銀，雖名兩物，懷在爐鼎之內，則俱名之爲「黃芽」。 然此兩種黃芽，皆不離乎神火所化。 鼎器歌不云「陰火白，黃芽鉛」？ 正此之謂也。 故曰：「只因火力調和後，種得黃芽漸長成。」

其五

噏精納氣是人行，有藥方能造化生。鼎內若無眞種子，猶將水火煮空鐺。

津非唾沫，乃眞水也； 氣非呼吸，乃眞火也。身中一竅，一名曰本心，一名曰內玄關，一名曰內藥，一名曰眞種。六祖云：「不識本心，學法無益。」丹書又云：「學人不識內玄關，採得藥來無處安。」師師垂訓，祖祖立言，三藏十二部經文，五千道德，三百陰符，無非爲此一點心竅而設也。修眞者，若不先得此竅，徒去嚥納客物，正所謂空鐺水火，造化奚生？平叔先生可爲謂慈悲之極，猶恐後人執定一法，迷失本心，乃曰「嚥津納氣是人行，有藥方能造化生」。復又叮嚀告戒曰：「鼎內若無眞種子，猶將水火煮空鐺。」

其六

調和鉛汞在丹田，大小無傷兩國全。若問眞鉛是何物，蟾光終日照西川。

乾爲大，坤爲小。丹房之內，調鉛和汞，全藉乾坤以爲鼎爐。使乾坤交得其時，合得其法，惟獨乾坤無損，且儘能濟我大事。故曰：「調和鉛汞在丹田，大小無傷兩國全。」

修眞者要識眞鉛罔象，但看天上之太陰，每到初三日日落酉時，淡掃蛾眉於昴畢。故曰：「若問眞鉛是何物，蟾光終日照西川。」

其七

未煉還丹莫入山，山中内外盡非鉛。此般至寶家家有，只是愚人識不全。

心華凝結，卽是還丹。還丹之法，捨眞鉛眞汞外，別無奇方妙藥能令心華凝結。修合眞鉛眞汞，以乾坤爲爐鼎，烏兔爲藥材，釀成一顆明珠，分在兩輪月内，取而服餌，登時心華凝結。深山窮谷，那得有此？故曰：「未煉還丹莫入山，山中内外盡非鉛。」

其八

竹破須將竹補宜，抱鷄須用卵爲之。萬般非類徒勞力，曾似眞鉛合聖機。

心華乃未死之水銀，眞鉛乃未生之心華。以未生而制未死，則生者不生，而死者不死。不死不生，是謂無生。除此一乘法，餘二卽非眞。故曰：「萬般非類徒勞力，曾似眞鉛合聖機。」

其九

用鉛不得用凡鉛，用了眞鉛也棄捐。此是用鉛眞妙訣，用鉛不用是誠言。

知外事者，内亦易知。外事以黑錫爲凡鉛，内事以坤鼎爲凡鉛；外事以汞乾爲眞鉛，内事以心死爲眞鉛。外事以火滅爲眞土，内事以神凝爲眞土。乾坤死心之法，全藉眞土，及其汞乾心死之後，眞土乃爲棄物矣；滅火凝神之法，全藉眞鉛，及其火滅神凝之後，眞鉛亦爲棄物矣。是故，成佛作祖之人，每每棄舍利金丹於人間者，正是用了眞鉛也。棄捐之意，但始而下手，既無眞土，又無眞鉛，無可奈何，只得借凡鉛起作粘頭耳，實不用凡鉛也。

其十

虛心實腹義俱深，只爲虛心要識心。不若煉鉛先實腹，且教守取滿堂金。

離心虛，坎腹實。坎離兩卦，言其皮毛，似淺而易見者，及乎究竟其理，則微妙玄通，非師指示，莫能自明。故曰：「虛心實腹義俱深。」

一切修眞者，只爲離中缺陷，迷失本心，所以要識坎心，希圖補復。故曰：「只爲虛心要識心。」

或問曰：「如何是煉鉛？」答曰：「『乾坤交媾罷，一點落黃庭』，卽煉鉛也。」又問曰：「如何是實腹？」答曰：「『取將坎位中心實，點化離宮腹內陰』，卽實腹也。」又問曰：「如何是守取滿堂金？」答曰：「『眞精旣返黃金室，一顆靈光永不離』，卽守取滿堂金。」觀他後二句，下個「不若」兩字，又下一「先」字，又下個「且教」兩字，只這五個字中，含蓄多少餘意。參玄者，於此當具慧眼。

其十一

夢謁西華到九天，眞人授吾指玄篇。其中簡易無多語，只是教人煉汞鉛。

昔有一祖，慕道精誠，不覺神遊碧落，適遭西華太乙夫人，授以金液還丹之道，其言甚簡，其法甚易，只是教人用乾坤煉出汞鉛來，我却見成，取而服餌。故曰：「其中簡易無多語，只是教人煉汞鉛。」

其十二

道自虛無生一氣，便從一氣產陰陽。陰陽再合成三體，三體重生萬物張。

道，卽一陰一陽也；　虛無，卽神火也。神火一動，化爲一氣。一氣降入地中，乾道成鉛，坤道成汞，鉛汞亦陰陽也。故曰：「道自虛無生一氣，便從一氣產陰陽。」修眞者，將此鉛汞吞入腹中，與心華混一，纔謂之陰陽再合。夫惟陰陽再合，心華一點，無質生質，纔謂之金丹。金丹純陽，象乾。乾三連，故又託名謂之「三體」。三體既成，化機由己，纔得「一載胎生一個兒，子生孫兮孫又枝」。故曰：「陰陽再合成三體，三體重生萬物張」。

「三體重生」，卽四十三章下「三田聚寶」一義。

其十三

坎電烹轟金水方，火發崑崙陰與陽。二物若還和合了，自然丹熟遍

身香。

坎水、離火，卽乾坤之二用；金水方，在西北，卽乾之位也；崑崙喻艮，艮在東北，卽日月合璧之處。假如坤以神照乾龍，此卽「坎電烹轟金水方」；乾龍卽發一點陰火，與坤中陽水妙合，此卽「火發崑崙陰與陽」。

水火一激，乾道成鉛，坤道成汞，鉛汞二物，入於心華，纔得和合。六百卦足，十月工完，天香透體，丹熟之驗。故曰：「二物若還和合了，自然丹熟遍身香。」

其十四

離坎若還無戊己，雖含四象不成丹。只緣彼此懷眞土，遂使夫妻有返還。

乾含木火，坤含金水，木、火、金、水，謂之四象。坎離，卽男女、水火；戊己，卽陰陽情性。倘乾不懷己，坤不懷戊，情性不協，陰陽抗衡，四象雖全，鉛汞難結。故曰：「離坎若還無戊己，雖含四象不成丹。」

其十五

日居離位翻爲女，坎配蟾宫却是男。不會個中顛倒意，休將管見事高譚。

離爲中女，坎爲中男。以離與坎，謂之順行；取坎填離，謂之逆道。順逆之間，天地懸隔。

其十六

取將坎位中心實，點化離宫腹内陰。從此變成乾健體，潛藏飛躍盡由心。

坎位中心實，乃鉛也；離宫腹内陰，乃汞也。取坎填離，立成乾象。乾乃至健之物，如龍之行，變化無常，隱顯莫測。或潛於初，或見於田，或躍於淵，或飛在天，任意由心，逍遥自在。故曰：「從此變成乾健體，潛藏飛躍盡由心。」

其十七

震龍汞自出離鄉，兑虎鉛生在坎方。二物總因兒產母，五行全要入中央。

汞，即震龍也，出於離火之中；鉛，即兑虎也，生於坎水之中。惟其龍從火裏出，虎向水中生，所以謂之「兒產母」。修眞者將此兩種眞母，送入黃庭土釜，心華一點，登時凝結，故曰「二物總因兒產母，五行全要入中央」。

其十八

月纔天際半輪明，蚤有龍吟虎嘯聲。正好用功修二八，一時辰內管丹成。

修眞者，若見初三日酉時西畔半輪月中一畫微陽，即鉛也，取而服餌，一身陰氣被鉛追爍，如雷轟電掣、虎鬥龍爭之狀，此即「月纔天際半輪明，蚤有龍吟虎嘯聲」。丹房到此之時，就當修合。念八日卯時東畔半輪月中一畫微陰，即汞也。與若服餌，以足一觔之數，以成團圓之象。此乃一符之頃，六候之事，攢簇工夫，合丹妙用。故曰：「正好用工修二八，一時辰內管丹成。」

其十九

華嶽山頭雄虎嘯，扶桑海底牝龍吟。黃婆自解爲媒合，遣使夫妻共一心。

初三日酉時，西方庚上之月，所懷者，一爻陽金，卽華嶽山頭雄虎；念八日卯時，東方乙上之月，所懷者，一爻陰汞，卽扶桑海底牝龍。黃婆，卽心華也。惟有心華，纔能勾引龍虎。然而龍虎一入我之心華，自然性命打破一片。故曰：「黃婆自解爲媒合，遣使夫妻共一心。」

其二十

西山白虎正猖狂，東海青龍不可當。兩手捉來令死鬥，化成一塊紫金霜。

這首丹詩，全重在一個「死」字上。欲求生富貴，須下死工夫。入室臨爐，萬一寥穴中煙氣未盡，只恐虎之性猖狂，龍之性獰惡，不爲我所捉也。大抵龍虎一入我手，心華自然凝結，化成一粒金丹，紫赤凝霜，光輝曜日。故曰：「兩手捉來令死門，化成一塊紫金霜。」

其二十一

赤龍黑虎各西東，四象交加戊己中。復姤自茲能運用，金丹誰道不成功。

赤，即火也；龍，即汞也；黑，即水也；虎，即金也。火汞水金，分而言之，則爲四象。合而言之，則赤龍居東，黑虎居西，然而赤龍、黑虎，各居一方，若無戊己，安能自合？大抵戊己，即陰陽情性。倘龍不懷己，虎不懷戊，雖有四象，造化奚生？故曰：「赤龍黑虎各西東，四象交加戊己中。」

重坤之下，一陽將動，謂之復；重乾之下，一陰將侵，謂之姤。復姤兩卦，即煉藥之火候也。知此兩卦之火候者，捧龍執虎，以汞投鉛，不患大藥不成、金丹不就。故曰：「復姤自茲能運用，金丹誰道不成功。」

其二十二

先且觀天明五賊，次須察地以安民。民安國富方求戰，戰罷方能見聖人。

天地，卽陰陽之變名也；　五賊，卽坤土之變名也；　人民，卽神氣之變名也；國土，卽一身之變名也；　戰敵，卽採取之變名也。煉丹之法，仰觀天象之動靜，隄防五賊之竊寶，故曰「先且觀天明五賊」；　俯察地形之通塞，奉行先天以凝神，故曰「次須察地以安民」。

神凝於地，謂之「民安」；　地變爲坎，謂之「國富」；　我去採取，謂之「求戰」；我一得手，卽是「聖人」。故曰：「民安國富方求戰，戰罷方能見聖人。」

「五賊」兩字，陰符經內，道人解之甚悉，此處不能再贅。

其二十三

用將須分左右軍，饒他爲主我爲賓。勸君臨陣休輕敵，恐喪吾家無價珍。

汞，左軍；　鉛，右軍。汞鉛在鼎，最難測識，用此爲藥，務要分別明白。要見某鼎是汞，某鼎是鉛，庶幾不致有偏枯異患之失。故曰：「用將須分左右軍。」

若要修出陰陽之外，須在陰陽之外修之。且如以乾坤爲鼎器，我在乾坤之外；以汞鉛爲藥物，我在汞鉛之外。故曰：「饒他爲主我爲賓。」

大抵鉛乃先天眞一之氣，汞乃後天眞一之精，只此一氣一精，乃太素之煙，玉皇之涎，天上之秘寶，人間之罕物。得之則立躋聖位，失之則仍落輪迴。服食之際，不可不愼。萬一靈根不淨，火氣復燃，汞走鉛非，寧不可惜？故曰：「勸君臨陣休輕敵，恐喪吾家無價珍。」

其二十四

火生於木本藏鋒，不會鑽研莫强攻。禍發總因斯害己，要須制伏覓金公。

火，喻情慾；　木，喻心華。心華能生情慾，情慾能伐心華。舉世道人，不會鑽研制伏心華之法，專在房幃內、枕席上，情慾之中求道，此爲抱薪救火，非徒無益，適足以殺其軀而已。要知金丹之道，只在制伏心華爲主。制伏心華之法，全在金公之力。

故曰：「要須制伏覓金公。」

「金公」兩字，解在下文。

其二十五

金公本是東家子，送在西鄰寄體生。認得喚來歸舍養，配將姹女作親情。

金公，卽眞鉛；姹女，卽眞汞。火卽乾南木汞之子，坤卽兌西肘壁之鄰。坤體本空，原無鉛汞，因與乾交感後，受一點神火之光，始變爲坎。坎中一點至陽，卽名金公，亦名姹女。故曰：「金公本是東家子，送在西鄰寄體生。」修眞君子，此時誠明之極，認得坎中這點乾金，的當是鉛，一口吸來，送入黃庭土釜，牢固封閉，隨卽配以眞汞，以足一觔之數，以成團圓之象。故曰：「認得喚來歸舍養，配將姹女作親情。」

其二十六

姹女遊行自有方，前行須短後須長。歸來却入黃婆舍，嫁個金公作老郎。

姹女、金公始結於坤土池中，象月中一線之微光。此光遊行於初三日酉時兌庚之次、昴畢之方，行在日之後，乃進氣也，故謂之「後行須長」；此光遊行於念八日卯時震乙之次、心房之方，行在日之前，乃盡氣也，故謂之「前行須短」。修眞君子，此時本源澄澈，覺體圓明，認得坎中這點乾金，的當是汞，一口吸來，送入黃庭土釜，與金公同去煅煉心華。心華一經煅煉，無質生質，化爲一粒金丹。金丹純陽，象乾。乾乃老陽，故以「老郎」稱之。故曰：「歸來却入黃婆舍，嫁個金公作老郎。」

其二十七

縱識硃砂與黑鉛，不知火候也如閒。大都全藉修持力，毫髮差殊不作丹。

硃、鉛，乃乾坤男女之異名；火候，卽癸動陽生之時節；修者，修理我之屋廓，卽命家事也；持者，操持我之心華，卽性家事也。性命雙修之法，却是一個挪移不得的死法子，差之毫釐，謬之千里。故曰：「大都全藉修持力，毫髮差殊不作丹。」

其二十八

契論經歌講至眞，不將火候著於文。要知口訣通玄處，須共神仙仔細論。

契，即參同契；論，即石函；歌，即金穀；經，即陰符、道德之類。丹房所用，如鼎器藥物，可謂發洩殆盡，至若火候一節，隱而不露，只待眞師口口相傳，心心相授。噫！天豈吝道？地豈惜寶？無非防範非人故耳。故曰：「要知口訣通玄處，須共神仙仔細論。」

其二十九 萬曆乙卯病榻復註

八月十五翫蟾輝，正是金精壯盛時。若到一陽纔起處，便宜進火莫延遲。

坤到庚金壯盛之時，如中秋之月，滿面光瑩，透於肌表。故曰：「八月十五翫蟾輝，正是金精壯盛時。」然必待壬水過，先天眞一之氣纔動。一動之間，就當配以神火，則立成鉛汞。「莫延遲」三字，甚言機不可稍失，略怠緩，時則過矣。故曰：「若到一陽纔起處，便宜進火莫延遲。」

其三十

一陽纔動作丹時，鉛鼎温温照幌幃。受氣之初容易得，抽添運用却防危。

先天眞一之氣初起，卽名「一陽纔動」，此卽造丹藥之火候也。故曰：「一陽纔動作丹時。」然而神火一透幃幙，其鼎自温。故曰：「鉛鼎温温照幌幃。」大抵受氣之初，藥苗新嫩，取之甚易，但恐抽添之際，馬劣猿頑，危險之甚，不可不防。故曰：「受氣之初容易得，抽添運用却防危。」

其三十一

玄珠有象逐陽生，陽極陰消漸剥形。十月霜飛丹始熟，此時神鬼也須驚。

玄珠，卽心華，雖在恍惚中略露其象，然實未見其眞形，必得鉛汞煅煉，纔能逐漸生其陽魂，漸次剥其陰魄。故曰：「玄珠有象逐陽生，陽極陰消漸剥形。」十月卦畢，癸陰飛盡，纔成金丹。故曰：「十月霜飛丹始熟，此時神鬼也須驚。」

其三十二

前弦之後後弦前，藥味平平氣象全。採得歸來爐裏煅，煅成温養自烹煎。

眞鉛始蘗，仰卧土池之下，象一痕新月之光，此光現在上弦之前，行在太陽之後，故謂之「前弦之後」；眞汞乍萌，偃伏土池之上，象一痕曉月之光，此光現在下弦之後，行在太陽之前，故謂之「後弦之前」。惟此兩光，有氣無質，有象無形，其味方淡，其聲正希，纔謂之藥也。修眞者，將此兩藥兼收並蓄於心華之內，互相煅煉，彼此烹煎，故曰「採得歸來爐裏煅，煅成温養自烹煎」。

其三十三

長男乍飲西方酒，少女初開北地花。若使青娥相見後，一時關鎖在黃家。

心華一點，陽裏陰精，因服西畔月中一痕新月陽光，卽成震卦。震爲長男。再服一痕，卽成兑卦。兑爲水女。再服一痕，卽成乾卦。乾卦爲北地花。三陽旣滿，又服東畔月中一痕曉月陰光，卽成巽卦。巽爲青娥。再服一痕，卽成艮卦。再服一痕，卽成坤卦。艮、坤皆土，總名黄家。

其三十四

兔鷄之月及其時，刑德臨門藥象之。到此金砂宜沐浴，若還進火必傾危。

卯酉乃日月之門，刑德乃金砂之性。念八日卯時，月現一痕陰砂之藥，臨於卯門，爲德，此乃兔月及時之象。初三日酉時，月現一痕陽金之藥，臨於酉門，爲刑，此卽鷄月及時之象。故曰：「兔鷄之月及其時，刑德臨門藥象之。」修眞者，見此光景，作速下手，洗濯金砂出土，收拾罷功，不可再進神火，傾棄藥材。故曰：「到此金砂宜沐浴，若還進火必傾危。」

其三十五

日月三旬一遇逢，以時易日法神功。守城野戰知凶吉，增得靈砂滿

鼎紅。

丹房之内，挨掛爐鼎，按天地之氣候，討潮汐之消息，水火係定一月一會，鉛汞可以一時一交。故曰：「日月三旬一遇逢，以時易日法神功。」神功乃迅速之妙用，吉凶乃陰陽之變名，守城乃一念之不動，野戰乃龍虎之交鋒。修眞者，會守城，明野戰，識陰陽，善追攝，心華一點，自然結成一粒金丹。卽以此丹，復去温養神火。神火卽砂。神火凝結，卽名靈砂。故曰：「守城野戰知凶吉，增得靈砂滿鼎紅。」

其三十六

否泰纔交萬物盈，屯蒙二卦稟生成。此中得意休求象，若究群爻謾役情。

心卽人身中處，陰汞脱出，送歸此處，卽名否卦；陽鉛脱出，送歸此處，卽名泰卦。鉛汞初會於心，卽名「纔交」。一交之後，心纔盈滿。不然，則此心終爲缺陷。故曰：「否泰纔交萬物盈。」鉛乃新月之内一痕陽光，汞乃曉月之外一痕陰光。陽光之月，謂之屯；陰光之月，謂之蒙。一切仙眾，莫不由此兩卦而成。故曰：「屯蒙二卦稟生成。」

言月言卦者，皆譬喻耳。得其意，則當捐其象。

其三十七

卦中設象本儀形，得象忘言意自明。後世迷途惟泥象，却行卦氣望飛昇。

丹房之内，雖用乾坤爲鼎器，坎離爲藥物，震兑爲龍虎，屯蒙爲水火，然皆譬喻耳。下卷不云？「讀參同契者，不在乎泥象執文。」

其三十八

天地盈虛自有時，審能消息始知機。由來庚甲申明令，殺盡三尸道可期。

天若不盈，不能與地。地若不虛，不能受天。水涸曰消，火滅曰息。盈虛者，煉藥之時；消息者，煉丹之機。故曰：「天地盈虛自有時，審能消息始知機。」庚卽眞鉛，甲卽眞汞。三尸六賊，非眞鉛眞汞不能誅盡。故曰：「由來庚甲申明令，殺盡三尸道可期。」

其三十九

要得谷神長不死，須憑玄牝立根基。眞精既返黃金室，一顆靈光永不離。

至陰無形者，眞精。眞精卽心。心乃清淨虛無之谷。至妙無倫者，靈光。靈光卽性。性卽妙應萬事之神。要得谷與神長生不死時，須憑玄與牝來，先把眞精之谷，制煉實死，返而爲黃金之室，長生不死之根基纔立。故曰：「要得谷神長不死，須憑玄牝立根基。」根基既立之後，神藉室中金液之氣溫養，自然凝聚，與室打做一塊，再不相離。故曰：「眞精既返黃金室，一顆靈光永不離。」然而制煉此谷之法，再無別樣藥材，止有玄牝二物而已。玄卽鉛也；牝卽汞也。大抵谷不死不長生，谷一死，長生之基纔立。故曰：「要得谷神長不死，須憑玄牝立根基。」

其四十

玄牝之門世罕知，休將口鼻妄施爲。饒君吐納經千載，爭得金烏搦兔兒？

許旌陽先生曰：「坎戊玄土鉛爲父，離己牝土汞爲母。」由此觀之，玄牝卽鉛汞也。世人那知鉛汞二物順去生凡、逆來成聖，旣有去來，寧無門戶耶？故順去之戶，一畫奇爻，以象乎乾；逆來之門，一畫耦爻，以象乎坤。只此一乾一坤，乃天地之根，玄牝之門。無一物不由此門戶生來，無一聖不由此門戶修去。口鼻吐納，與道霄壤。故曰：「饒君吐納經千載，爭得金烏搦兔兒。」

長生，谷一死，長生之基纔立。故曰：「要得谷神長不死，須憑玄牝立根基。」

其四十一

異名同出少人知，兩者玄玄是要機。保命全形明損益，紫金丹藥最爲奇。

眞鉛眞汞，其名最異，究竟其根，則同出於太極圈中，同謂之玄，玄之又玄，所以眾人故不知也。故曰：「異名同出少人知，兩者玄玄是要機。」大抵此兩者，皆能保我之命，而全我之形。但服食之際，先要損盡平日所益，遣得心中空無一物，不可存一毫意想。若有絲忽念頭，雖有眞鉛眞汞，不能入我心華。然而我之心華，一得眞鉛眞汞之氣，登時還嬰返姹，永離生死。故曰：「保命全形明損益，紫金丹藥最爲奇。」

其四十二

始於有作人難見，及至無爲衆始知。但見無爲爲要妙，豈知有作是根基？

有爲雖僞，棄之則功行難成；無爲雖眞，趨之則聖果難證。金液還丹之法，有爲有作，得訣之士，密密修煉，孰肯露其圭角？及其心死神凝，清淨無爲，人始知覺。殊不知，心死神凝，豈無爲無作、一蹴而能幾之者乎？中曲之士，不知此理，「但見無爲爲要妙，豈知有作是根基」？

其四十三

黑中有白爲丹母，雄裏懷雌是聖胎。太乙在爐宜愼守，三田聚寶應三台。

黑者水基，白者金精。心華之爲物也，活則謂之黑金，死則謂之白金。黑金純陰，白金純陽，惟其純陽，故爲大雄，爲丹母，爲爐鼎，爲三田。惟此白金，纔能温養神火。殊不知神火養於白金之内，卽名雄裏懷雌，卽名太乙在爐，卽名三田聚寶。神養在爐，如龍養珠，如鷄抱卵，不可一息離也。故曰：「太乙在爐宜愼守，三田聚寶應三台。」

「三田聚寶」與十二首「三體重生」一義。

其四十四

恍惚之中尋有象，杳冥之內覓眞精。有無從此自相入，未見如何想得成？

太上曰：「恍恍惚惚，其中有物。杳杳冥冥，其中有精。其精甚眞，其中有信。」大抵恍惚如未生已前，杳冥如已死之後。人能造入喜怒哀樂未發之前，意必固我俱無之後，恍恍惚惚之中，杳杳冥冥之內，自有眞精顯象，號曰離無。惟此離無，纔與坎有氣機相入。搬運存想，與道何干？故曰：「有無從此自相入，未見如何想得成？」

其四十五

四象會時玄體就，五行全處紫金明。脱胎入口身通聖，無限龍神盡

失驚。

木、火、金、水，謂之四象，加以二土，謂之五行。四象五行，妙合而凝，結成一粒鉛汞，分在兩輪月中。汞在東方，名曰玄體；鉛在西方，名曰紫金。故曰：「四象會時玄體就，五行全處紫金明。」

修眞者，乘此鉛汞乍凝乍結，有氣無質，卽忙下手，從兩腎中間，一口吸來，送入黃庭土釜，心華一點，無質生質。到此地步，道高德重，龍虎不得不畏伏，而鬼神不得不欽仰也。故曰：「脱胎入口身通聖，無限龍神盡失驚。」

其四十六

華池宴罷月澄輝，跨個金龍訪紫微。從此眾仙相見後，海潮陵谷任遷移。

心華一點，飽鉛氣足，陰氣退盡，光瑩圓滿。故曰：「華池宴罷月澄輝。」「金龍」二字，就指華池而言。華池純陽，象乾。乾爲金爲玉，爲龍爲馬，故曰「跨個金龍訪紫微」。到此地步，方以類聚，交遊皆僊，出入於混沌之域，逍遥於無何有之鄉，任爾桑田滄海，滄海桑田。故曰：「從此眾仙相見後，海潮陵谷任遷移。」

其四十七

要知金液還丹法，須向家園下種栽。不假吹嘘並着力，自然丹熟脱眞胎。

金液，卽神水也；家園，卽華池也。金液還丹之法，頗與生身義同，亦用神火爲種，逆種於華池之内。故曰：「要知金液還丹法，須向家園下種栽。」此種旣下，安神定息，守一抱中，如瓜生藤上、菓結枝頭，熟則自然蒂落，時到自然化生。故曰：「不假吹嘘並着力，自然丹熟脱眞胎。」

其四十八

休施巧僞爲功力，認取他家不死方。壺内旋添延命酒，鼎中收取返魂漿。

我聞長生之藥，卽先天氣、後天氣。吾又聞此二氣，雖自外來，實非三峯九一、展縮御女及口鼻槖籥、三進紅鉛、梅子便溺、乳溺臍丹、河車靈柴、金石草木、一己頑空、搬運存想等等巧僞之事。故曰：「休施巧僞爲功力，認取他家不死方。」壺與鼎，卽我心華；酒與漿，卽此二氣。「二氣入五內，薰蒸達四肢。老翁復丁壯，耆嫗成姹女。」豈非延命返魂之至寶乎？入藥鏡云：「先天炁，後天炁，得之者，常似醉。」人安得不以「酒」「漿」稱之？故曰：「壺內旋添延命酒，鼎中收取返魂漿。」

其四十九

雪山一味好醍醐，傾入東陽造化爐。若過崑崙西北去，張騫始得見麻姑。

雪山一味好醍醐，喻坎中至藥也；傾入東陽造化爐，喻取坎塡離也；若過崑崙西北去，喻藥入心華也；張騫始得見麻姑，喻鉛汞相投也。

其五十

不識陰陽及主賓，知他那個是疎親。房中空閉尾閭穴，誤殺閻浮多少人。

初三日酉時，西畔半輪月中一痕鉛光，卽眞陽也；念八日卯時，東畔半輪月中一痕汞光，卽眞陰也。只此一陰一陽，配合夫妻，制我心華，反謂之主；我之心華，本一黃婆舍耳，且受制於陰陽，故謂之賓。但三家配合，自有次序，不得不分賓別主。殊不知，此三者同出而異名，同謂之玄，又不可論其親疎也。故曰：「不識陰陽及主賓，知他那個是疎親。」愚夫不明此理，惟務展縮不洩之法，亘古以來，不知誤死多少人也。故曰：「房中空閉尾閭穴，誤殺閻浮多少人。」

其五十一

萬物芸芸各返根，返根復命卽常存。知常返本人難會，妄作招凶往往聞。

草木至冬，生機收斂；昆蟲至冬，心機停息：此卽「歸根」也。夫惟歸根，所以能禦大寒，能忘大饑。及乎大地陽回，九天春至，一切有情無情，感受這點陽春之氣，仍又發生，照舊出蟄。此卽「復命」也。故曰：「萬物芸芸各返根，返根復命卽常存。」萬物蠢然，尚知如是，人靈萬物，反爾不如。或者間出一二留心性命之人，而又不知歸根復命之法只在日用常行之間，却去坐禪習靜，採戰胡爲，微獨不能長生，亦且戕生損德。故曰：「知常返本人難會，妄作招凶往往聞。」

其五十二

歐冶親傳鑄劍方，鏌鋣金水配柔剛。鍊成便會知人意，萬里誅妖一電光。

歐冶乃鑄劍之士，鏌鋣卽寶劍之名。二氏之徒，每每言劍，果眞有劍耶？無劍耶？曰：非然。心華一點，無質生質，在釋門則謂之舍利，在道門則謂之金丹。釋門稱此舍利爲慧劍，道門稱此金丹爲飛靈劍。慧而且靈，故曰「鍊成便會知人意」。只因此劍能斬牟尼而落還丹，故曰「萬里誅妖一電光」。鑄此寶劍，不用纖毫襍類，止用一金一水。金卽金鉛，其性陽剛；水卽水銀，其性陰柔。只此一剛一柔，含在晦前朔後，男女取服，心華一點，纔得無質生質。惟其心華一點，無質生質，纔謂之金丹。金丹乃剛健中正之物，三尸見之而滅跡，六賊遇之而消形，故以「劍」名之。故曰：「歐冶親傳鑄劍方，鏌鋣金水配柔剛。」

其五十三

敲竹喚龜吞玉芝，鼓琴招鳳飲刀圭。近來透體金光現，不與凡人話

此規。

龜爲玄武，卦屬坎水；鳳乃朱雀，卦屬離火；玉芝，卽坎中一畫奇爻；刀圭，卽離中一畫耦爻；敲竹者，敲開陰陽情實；鼓琴者，鼓舞陰陽和氣；喚與招，無非追攝之意；吞與飲，分明服食之言。故曰：「敲竹喚龜吞玉芝，鼓琴招鳳飲刀圭。」

倘得玉芝歸於土釜，刀圭回於黃庭，心華一點，立變純陽，金光透體，復還故性。噫！這般妙理，誰是知音？故曰：「近來透體金光現，不與凡人話此規。」

其五十四

藥逢氣類方成象，道在希夷合自然。一粒靈丹吞入腹，始知我命不由天。

經曰：「上藥三品，神與氣精。」又曰：「大藥三般精氣神，天然子母自相親。」大抵神在日中，氣在月中，精在我家。此三者，皆不可以形象求。惟神與氣，妙合而凝，結成一粒黍米玄珠，分在兩輪月內，由是而藥纔有象。故曰：「藥逢氣類方成象。」

吾所謂精者，非交感之精，卽我之心華也。惟此心華，方名曰道。此道當於意外求之，不可執於有象，不可落於頑空，視之不見，聽之不聞，搏之不得，恍恍惚惚，其中有物，杳杳冥冥，其中有精，其精甚眞，其中有信。吾所謂精者，此精也。因其此精，不住喜怒哀樂，不在上下四維，塞於虛空，懸於正中，吾纔敢擬之而爲心華。心華者，虛無之谷，神氣之根。使天無此根，則天亦不得而爲天矣； 使地無此根，則地亦不得而爲地矣； 使人無此根，則人亦不得而爲人矣； 使物無此根，則物亦不得而爲物矣； 使草木無此根，則草木亦不得而爲草木矣； 使鬼神無此根，則鬼神亦不得而爲鬼神矣。夫此根也，大則天下莫能載，小則天下莫能破，故謂之道。惟道與玄珠，天然子母，自相親合，故曰「道在希夷合自然。」

殊不知，有道之士，一得玄珠之後，雖水火也不能焚溺，雖刀兵也不能加害，雖虎兕也不能措其爪牙。夫何故？ 以我之心華，未得玄珠已前，尚生也，生者死之根； 既得玄珠已後，卽死矣，死者生之根。心華既死，如金剛不壞之堅，泰山不動之定，雖欲求死，而不可得也。天地鬼神，其如予何？ 故曰：「一粒金丹吞入腹，始知我命不由天。」

其五十五

赫赫金丹一日成，古仙垂語實堪聽。若言九載三年者，盡是推延欵日程。

吾聞丹房之內，片餉之間，丹基立就，雖愚昧小人，得之則立躋聖位。故曰：「赫赫金丹一日成，古仙垂語實堪聽。」可恨方外遊食之徒，動輒說要三年九載，想其意，無非令人頂長缸耳。故曰：「若言九載三年者，盡是推延欵日程。」

其五十六

大藥修之有易難，也知由我亦由天。若非積行修陰德，動有群魔作障緣。

謀事在人，成事在天，苟不至德，至道不凝焉。

其五十七

三才相盜及其時，道德神仙隱此機。萬化既安諸慮息，百骸俱理證無爲。

天、地、人謂之三才，始而地盜乎天，繼而人盜乎坎。大概地形六畫，其體本空，因與天交，偷下一點神火，凝在腹中，始變爲坎。惟此坎象，纔謂之他家活子時。修眞者，向此時中吸出那點乾金，送入心華之内，此就謂之「食其時」。人能食其時者，萬化不必求安而自安矣，諸慮不必求息而自息矣，百骸不必求理而自理矣，無爲不必求證而自證矣。

其五十八

陰符寶字逾三百，道德靈文滿五千。今古上仙無限數，盡於此處達眞詮。

自古神仙，未有不由陰符、道德而修證者。

其五十九

饒君聰慧過顏閔，不遇眞師莫强猜。只爲金丹無口訣，教君何處結靈胎。

性由自悟，命假師傳，凝結聖胎，若無金丹，却將何物以爲神室？言及此，慧饒顏閔，不承師旨，不能自明。

其六十

了了心猿方寸機，三千功行與天齊。自然有鼎烹龍虎，何必擔家戀子妻。

心華一點，即「心猿」也，即「方寸機」也。此機一死，即名「了了心猿方寸機，三千功行與天齊」。從此身中有丹，丹即鼎也，自能溫養神火，以結聖胎，再不假借凡鉛矣。故曰：「自然有鼎烹龍虎，何必擔家戀子妻。」

其六十一

未煉還丹須速煉，煉了還須知止足。若也持盈未已心，不免一朝遭殆辱。

煉丹既畢，百念當灰。一息尚存，死灰復活。

其六十二

須將死户爲生户，莫執生門號死門。若會殺機明反覆，始知害裏卽生恩。

心華一點，活則生死無常，死則萬刦不壞。長生之術，無他玄妙，先以制死心華爲主。故曰：「須將死户爲生户。」然又恐執着之徒，不明生死之理，復又叮嚀告戒曰：「莫執生門號死門。」甚言丹法要在死中求活。修眞者，會盜殺中生機，明白又復接制，禍裏自有福出，害裏自有恩生。故曰：「若會殺機明反覆，始知害裏却生恩。」

其六十三

禍福由來互倚伏，還如影響相隨逐。若能轉此生殺機，反掌之間災變福。

「禍兮福所倚，福兮禍所伏」，禍福相因，如形之於影，谷之應響。故曰：「禍福由來互倚伏，還如影響相隨逐。」修眞者，若能悟徹生死之理，逆取鉛汞，制死心華，長生之根，由是而立。故曰：「若能轉此生殺機，反掌之間災變福。」

其六十四

修行混俗且和光，圓卽圓兮方卽方。顯晦逆從人莫測，教人爭得見行藏？

一切修行者，須要和光同塵，忍辱學拙，外圓內方，披褐懷玉。故曰：「修行混俗且和光，圓卽圓兮方卽方。」密密修持，不露圭角，萬一機事不密，不但害成，且遭詆謗。故曰：「顯晦逆從人莫測，教人爭得見行藏？」

悟眞篇下卷直註

宋天台張伯端平叔甫撰　明京口李文燭晦卿甫註

五言四韻一首 以象太乙之奇

女子着青衣，郎君披素練。見之不可用，用之不可見。恍惚裏相逢，杳冥中有變。一霎火燄飛，眞人自出現。

郎君、女子，乃鉛、汞之稱呼；素練、青衣，卽金、木之色象。故曰：「女子着青衣，郎君披素練。」此兩者，無象無形，無聲無臭，生於天地之先，混沌之始，視之不見，聽之不聞，搏之不得，所以可用。若使可見、可聞、可搏，則屬於後天渣滓，便就不可用矣。故曰：「見之不可用，用之不可見。」修眞者，入室下工，先要洗得胸中萬境俱空，一絲不掛，庶幾臨爐之際，纔得心華一點，與鉛汞相逢於恍惚之裏，變化於杳冥之中，因而一身陰癸之氣，被鉛汞一合，化作太陽丙火，如明窓射日之塵，片片飛浮而盡。由是之後，心華一點，纔得無質生質。心華既質，便是金丹。有金丹者，豈非眞人乎？故曰：「一霎火燄飛，眞人自出現。」

西江月一十二首 以象周歲律

其一

内藥還同外藥，内通外亦須通，丹頭和合類相同，温養兩般作用。内有天然眞火，爐中赫赫長紅，外爐增減要勤功，絶妙無過眞種。

鉛譬初三日酉時新月之下一痕陽光，因其此光含在内三爻之下，故名「内藥」；汞譬念八日卯時曉月之上一痕陰光，因其此光含在外三爻之上，故名「外藥」。惟此兩藥，會於心華之中，自然和合，以其類相同故也。温養卽薰蒸。男子修煉，先鉛而後汞；女人修煉，先汞而後鉛。故曰：「丹頭和合類相同，温養兩般作用。」

内爐卽坤。坤雖至陰，中有一點赫赫至陽，此陽一動，卽天然眞火候也。故曰：「内有天然眞火，爐中赫赫長紅。」外爐卽乾。乾雖至陽，中有一點肅肅至陰，此陰一與陽交，卽汞鉛眞種也。丹房之内，時時匹配陰陽，刻刻秤量水火，故曰「外爐增減要勤功，絶妙無過眞種」。

其二

此道至神至聖，憂君分薄難消，調和鉛汞不終朝，早覩玄珠朕兆。志士若能修煉，何妨在市居朝，工夫容易藥非遥，說破令人失咲。

調和鉛汞於片餉之間，凝結心華於一時之内，故曰「工夫容易藥非遥，說破令人失咲」。得訣者，不拘市朝山林，皆可修爲，但要依附大有力量之人，方可謀就乃事，庶可保其無虞。故曰：「志士若能修煉，何妨在市居朝。」大率心華凝結者，謂之得道。得道之人，一得永得，超出天地之外，脱離生死之苦，只恐世人德薄，難以消受此道也。故曰：「此道至神至聖，憂君分薄難消。」

其三

白虎首經至寶，華池神水眞金，故知上善利源深，不比尋常藥品。若要修成九轉，先須煉己持心，依時採取定浮沉，進火須防危甚。

坤中暗伏一點庚金，謂之「白虎」。白虎初生壬水，謂之「首經」。修眞者，身中煉成一丸九轉金丹，謂之「華池」。華池復生金液，謂之「神水」。大抵華池乃心華所結。

心華者，卽己汞也。所以煉己者，煉此己汞也；持心者，持此心華也。故曰：「若要修成九轉，先須煉己持心。」然而煉此己汞，非空煉也；持此心華，非空持也。要遵依先天之時，先天之時卽首經初動之時；要採取後天之火，後天之火卽崑崙始發之火。要定鼎中浮沉：浮者爲汞，汞譬念八日卯時東畔半輪月中一痕曉月之光；沉者爲鉛，鉛譬初三日酉時西畔半輪月中一痕新月之光。日月交光，更要防危慮險。故曰：「依時採取定浮沉，進火須防危甚。」

首經、神水，清而無瑕，善利萬物，我猶龍老祖稱此二水爲上善，平叔先生又讚此二水爲至寶眞金。蓋爲首經能化神火而爲鉛汞，神水能伏神火而結聖胎。惟此二八，纔爲神火同類。故曰：「故知上善利源深，不比尋常藥品。」

其四

若要眞鉛留汞，親中不離家臣，木金間隔會無因，須仗媒人勾引。木性愛金順義，金情戀木慈仁，相吞相啗卽相親，始覺男兒有孕。

汞非眞鉛不乾，眞鉛非火不有。殊不知，火乃汞之所生，若要求其眞鉛，又安能離乎火也？故曰：「若要眞鉛留汞，親中不離家臣。」「家臣」兩字，道人本欲說破，以博下士一咲，誠恐太洩天機，有干玄禁，故存而不論。

大抵木汞居於東方一痕曉月之中，原有愛金順義之心；金鉛居於西方一痕新月之內，亦有戀木慈仁之意。但天各一方，不能自合，全仗眞土勾引會聚於一處。「眞土擒眞鉛，眞鉛制眞汞，鉛汞歸眞土，身心寂不動。」心不動者，卽名「金丹」。故曰：「相吞相啗卽相親，始覺男兒有孕。」

其五

二八誰家姹女，九三何處郎君，自稱木液與金精，遇土却成三性。更假丁公煅煉，夫妻始結歡情，河車不敢暫留停，運入崑崙峯頂。

二八姹女，自稱木液；九三郎君，自稱金精；心華一點，自稱崑崙峯頂，又自稱眞土。金、木、土三物，合而言之，則成一粒金丹；分而言之，則各具一性。故曰：「自稱木液與金精，遇土却成三性。」

乾坤交媾，兩相摩蕩，激出一點神火，謂之丁公。丁公流落於坤土池中，却被一點壬水煅煉一番，乾道卽成九三郎君，坤道卽成二八姹女。故曰：「更假丁公煅煉，夫妻始結歡情。」

修眞者，乘其歡情始結之初，有氣無質，一口吸來，送入心華之內，金公無言姹女貞，黃婆不老又懷胎。故曰：「河車不敢暫留停，運入崑崙峯頂。」

其六

七返硃砂返本，九還金液還眞，休將寅子數坤申，但要五行成準。本是水銀一味，周流遍歷諸辰，陰陽數足自通神，出入豈離玄牝？

四百字序云：「七乃火數，九乃金數，以火煉金，謂之返本還元。」此言固妙矣，但鈍根猶不能通其義。道人請以順逆兩途，自首至尾，試說一番，庶幾後之學者，得以洞曉返還之妙。

大抵一切世人，生身受氣之初，由父有一點丁火，母有一點壬水，父母交感，丁壬妙合，化成一粒死水銀，纔是一畫先天乾金。金之成數九。及乎十月胎完，纔離母腹，與後天之氣一接，那畫乾金，登時活將起來，破爲兩斷，變成一爻水銀。水銀屬木，木之成數八。從此以後，知識日生，火氣漸長，因而水銀漸漸變爲硃砂。硃砂屬火，火之成數七。此以上，乃順行生身之道。修眞者，若欲逆而修之，先把砂中火氣退盡，返成水銀。水銀乃一切世人之本心也。故曰：「七返硃砂返本。」再把水銀煉成一塊純陽乾金。乾金乃丹門之眞鉛也。故曰：「九還金液還眞。」方外遊食之徒，不知此妙，却自寅子數至坤申，以爲七返九還，謬之甚矣。殊不知，丹法無他玄妙，一味水銀，按八卦次序，朝進陽火，暮退陰符，陰符陽火無差，卽名「五行成準」。周天火符完足，卽名「周流遍歷諸辰」。性命打成一片，神通廣大，法力無邊，出入自由，心體無滯。故曰：「陰陽數足自通神，出入豈離玄牝？」

其七

雄裏内含雌質，陰中却抱陽精，兩般和合藥方成，點化魄纖魂聖。信道金丹一粒，蛇吞立變龍形，鷄餐亦乃化鸞鵬，飛入眞陽清境。

乾懷一點丁火，卽「雄裏内含雌質」；坤懷一點壬水，卽「陰中却抱陽精」；丁壬妙合，乾道成鉛，坤道成汞，卽「兩般和合藥方成」。微獨人服鉛汞可以成聖，雖物服鉛汞，亦能變化。晋人昇仙，雲中鷄犬，此其證也。

其八

天地纔交否泰，朝昏好識屯蒙，輻來輳轂水朝宗，妙在抽添運用。得

一萬事俱畢，休分南北西東，損之又損愼前功，命寶不宜輕弄。

此章乃抽添妙用、服食細微。丹房之內，挨排爐鼎，莫不取法天地日月。吾人一點心華，因其含在喜怒哀樂未發之前，故以此華準作天地正中之處。且如坤爐之內稟受一點陰汞之氣，此氣一入我之心華，卽名否卦。否乃七月之卦也。假如坤爐之內稟受一點陽鉛之氣，此氣一入我之心華，卽名泰卦。泰乃正月之卦也。鉛譬初三日申末酉初之月，此月象水雷屯也；汞譬念八日寅末卯初之月，此月象山水蒙也。修眞者不識屯蒙，不免有認鉛爲汞、指汞作鉛之差。故曰：「天地纔經否泰，朝昏好識屯蒙。」爐鼎挨排，一月一交，如輻之輳轂；我當居下，以納百川，如水之朝宗。故曰：「輻來輳轂水朝宗，妙在抽添運用。」

由是之後，心華一點，無質生質，纔爲金丹。金丹在一，人得一，萬事畢，丹房器皿，委而去之，方可入山面壁無爲。再若有爲，自取其咎。故曰：「損之又損愼前功，命寶不宜輕弄。」

其九

冬至一陽來復，三旬增一陽爻，月中復卦朔晨潮，望罷乾終姤兆。日

又別爲寒暑，陽生起復中宵，午時姤象一陰朝，採藥須知昏曉。

此亦抽添火候、煉藥細微。大抵丹房之內，挨排爐鼎，以復姤兩卦爲煉藥、煉丹之火候。且以一時言之，有一時之復姤；一日言之，有一日之復姤；一月言之，有一月之復姤；一年言之，有一年之復姤。一時分作六候，初候爲復，四候爲姤；一日分作兩卦，子時爲復，午時爲姤；一月分作二氣，初三日爲復，十六日爲姤；一年分作四時，冬至爲復，夏至爲姤。修眞者，必須洞曉陰陽，精通造化，方許修煉大丹。不然，則臨爐之際，未免認陰爲陽、指符爲火之失。平叔先生前章旣曰「朝昏好識屯蒙」，此章又下一句「煉藥須知昏曉」，可謂慈悲極矣。

其十

不辨五行四象，那分朱汞鉛銀，修丹火候未曾聞，蚤便稱呼居隱。不知自思己錯，更將錯路教人，誤他永劫在迷津，似恁欺心安忍？

人在天地間，都被一點勝心誤了一生大事，胸中没有半分鉛汞，臉上做了十分模樣，譚黃論白，口堯心跖，云遇某仙，云得某訣，口口有志以致退悔道心，似此之輩，安得不入拔舌地狱？

其十一

德行修逾八百，陰功積滿三千，均齊物我與親冤，始合男兒本願。虎兕刀兵不害，無常火宅難牽，寶符降後去朝天，穩駕鸞車鳳輦。

功行圓滿，平等中和，陸行不畏虎兕，入軍不被甲兵，入火不焚，入水不溺，一朝應詔，白日沖舉。

其十二

牛女情牽意合，龜蛇類稟天然，蟾烏遇朔合嬋娟，二氣相資運轉。本是乾坤妙用，誰能達此深淵，陰陽否隔却成愆，怎得天長地遠？

牛女喻乾坤，龜蛇喻水火，蟾烏喻日月，二氣喻鉛汞，合嬋娟喻日月合璧，運轉喻逆取鉛汞。大抵乾坤同類，情意自然妙合，故曰「牛女情牽意合」。丁壬匹配，氣機自然妙合，故曰「龜蛇類稟天然」。日月合璧得時，鉛汞自然凝結。鉛汞凝結，逆取奚難？故曰：「蟾烏遇朔合嬋娟，二氣相資運轉。」千譬萬喻，其妙用只在乾坤兩卦。故曰：「本是乾坤二用，誰能達此深淵？」愚夫不知此理，惟務御女採戰之術。殊不知，五行順行，法界火坑；　五行顛倒，大地七寶。故曰：「陰陽否隔却成愆，怎得天長地遠？」

又增一首 以象閏月之數

丹是色身至寶，煉成變化無窮，更能性上究眞宗，決了無生妙用。不待他身後世，見前獲佛神通，自從龍女著斯功，爾後誰能繼踵？

心華凝結，名曰金丹。丹成之後，纔能住世。住世之後，神水自然生乎一身，造化永無窮竭。故曰：「丹是色身至寶，煉成變化無窮。」然此不可便爲自足，還須性上究竟眞宗，方能了得無生妙用。

所謂性者，非釋子所謂空性，亦非搬弄神識，實有一物。此物性似一團火，形如一縷煙，非金屋不居，非陽水不凝，一凝卽是聖胎。聖胎老成，調理出殼，卽陽神也。「一載胎生一個兒，子生孫兮孫又枝。」此卽千百億化身也。二氏聖人，莫不以性命雙修之法逃出生死。大抵丹以心結，卽修命也；　胎以神凝，卽修性也。所謂無生者，非斷滅也。惟其無生，是以無死；　無死，是以無生。無死無生，所以謂之長生。故曰：「更能性上究眞宗，決了無生妙用。」此道至簡至易，至近非遥，得訣者，片晌之間，丹基立就。雖愚昧小人，得之立躋聖位，又奚俟於他身後世哉？故曰：「不待他身後世，見前獲佛神通。」

七言絕句丹詩五首 以象五行

其一

饒君了悟眞如性，未免抛身却入身。何似更兼修大道，頓超無漏作眞人。

饒君悟徹眞如，未免還歸生死。欲超無漏眞人，畢竟要煉鉛汞。使悟性即能成佛，五祖又奚必投周氏胎也？故曰：「饒君了悟眞如性，未免抛身却入身。」

其二

投胎奪舍及移居，舊住名爲四果徒。若會降龍並伏虎，眞金起屋幾

時枯？

投胎果、奪舍果、移居果、舊住果，皆羅漢之事，總非最上一乘妙義。惟煉鉛龍汞虎取而服之者，心華一點，登時凝結。心華凝結，纔爲金丹。金丹乃萬刧不壞之物，故曰「眞金起屋幾時枯」。

其三

鑑形閉息思神法，初學艱難後坦途。倏忽縱能游萬國，奈何屋舊却移居。

閉息一法，若能絕慮忘機，卽可出神入定。然而絕慮忘機，卽內視之法。內視之法，卽鑑形也。此法初學雖難，習久自熟。故曰：「鑑形閉息思神法，初學艱難後坦途。」但精神屬陰，宅居易壞，未免常要遷徙。殊不知，一遷徙之間，恐不能無過胎之迷。如我忍大師入周氏胎而不迷者，此亦亘古今希有之事，不可以此爲法。

其四

釋氏教人修極樂，只緣極樂在金方。大都色相惟茲實，餘二非眞莫

度量。

心華凝結，名曰金丹。惟金丹，纔名西方極樂世界。除此一乘法，餘二卽非眞。

其五

俗語常言合聖道，宜向其中細尋討。若將日用顚倒求，大地塵沙盡成寶。

五行順行，法界火坑；五行顚倒，大地七寶。

讀周易參同契

大丹妙用法乾坤，乾坤運兮五行分。五行順兮，常道有生有死；五行逆兮，丹體常靈常存。

一自虛無兆質，兩儀因一開根；四象不離二體，八卦互爲子孫。萬象生乎變動，吉凶悔吝滋分；百姓日用不知，聖人能究本源。顧易道妙盡乾

坤之理，遂託象於斯文。否泰交，則陰陽或升或降；屯蒙作，則動靜在朝在昏。坎離爲男女水火，震兑爲龍虎魄魂。守中則黄裳元吉君子黄中通理，正位居體，美在其中而暢於四支，發於事業，美之至也，**遇亢則無位而尊**上九亢龍，貴而無位，高而無民，賢人在下位而無輔，是以動而有悔也。**既未慎萬物之終始，復姤昭二氣之歸奔。月盈虧，應精神之衰旺；日出没，合榮衛之寒温。**

本立言以明象，既得象以忘言；猶設象以指意，悟其意則象捐。達者惟簡惟易，迷者愈惑愈繁。故知修眞之士，讀參同契，不在乎泥象執文。

以上三段，計二百三十三言，已在三卷之中，各註之下，解之悉矣，此處不復再贅。惟「守中則黄裳元吉，遇亢則無位而尊」，尚未詳解。大抵未結丹時，須要行眞個神仙之行，一念歸中，萬緣放下。及其心華一結，已得金丹，光輝圓滿，一毫陰氣俱無，如上九之象。此時當懷全無所得之心，鎮之以無名，和之以無爲，故曰「守中則黄裳元吉，遇亢則無位而尊」。

性地頌

其一

佛性非同異，千燈共一光；增之寧解益，減卻卽無傷。取捨俱無過，焚漂總不妨；見聞知覺法，無一可猜量。

其二

如來妙法遍河沙，萬象森羅無障遮。會得圓通眞法眼，始知三界是吾家。

其三

視之不可見其形，及至呼之卻又應。莫道此聲如谷響，若還無谷有何聲？

其四

一物含聞見知覺，蓋緣塵境顯其機。靈常一物尚非有，四者憑何所作依？

其五

不移一步到西天，端坐諸方在目前。項後有光猶是幻，雲生足下未爲仙。

其六

求生本自無生，畏滅何曾暫滅？眼見不如耳見，口說爭如鼻說？

其七

三界惟心妙理，萬物非此非彼。無一物非我心，無一物非我己。

其八

萬物縱橫在目前，任他動靜任他歡。圓明定慧終無染，以水生蓮蓮自乾。

其九

一輪明月當虛空，萬里清光無障礙；收之不聚撥不開，前之不進後不退。彼非遠兮此非近，表非外兮裹非內；同中有異異中同，問你傀儡會不會？

心經頌

蘊諦根塵空色，都無一法堪言。顛倒之見已盡，寂靜之體翛然。

李文燭悟眞篇直註後序

文里先生者，潤州李寶墨公之曾孫也。寶墨公眞定別駕。世居文昌里中，別號「文里」。先君八年令歿於京邸，六子繼之。先生扶櫬歸里，内難外侮，蟻聚蜂起。先生於是始發憤下帷，盡啟其先令君世藏之書而讀之。雖方技醫卜，莫不流覽。至神仙修煉之術，則每每致意焉。於是專心性命，有塵壒人世之意，舉業略不爲念。人未有不異其爲誕者。

壬午南嶽大師授先生修煉之術，於是和光同塵，深自秘密，人愈異之，然莫識其爲神仙中人也。神仙有黃白術，而學之者非。於是著黃白鏡。黃白鏡所以鏡學黃白者之非也。劉誠意疑其爲黃白術，遂深交先生。先生曰：「噫！余有黃白之術乎？則何不令倉有穀、箱有帛首？居有華屋、食有肥肉，而乃攻爐、扁之細事，以俛仰人世，取給乎哉？」丙申劉事敗亡，當路者莫能踪跡，以其與先生交，遂繫先生於舊京之獄。先生始喟然曰：「余之死不足惜，如南嶽大師之道何？」於是取悟眞篇註之，以述其概。

註甫完，獲例至釋先生。先生曰：「余其焚之乎？」先是姑蘇周山居守全，長先生念有四年，與先生善，長跪稽首太息而請曰：「余老矣，事先生念年，先生獨不恩有以安之乎？」先生曰：「固矣。」於是三更傳法，人皆不知。既而謂周曰：「龍沙之讖，至今果然。某豈不欲令有緣者得度哉？張平叔三傳非人，三遭天譴。余奈何蹈其故轍？」周雖傳，自是亦絕口不復言修煉事，惟乞留先生直註，以待有緣者。豫章李長卿，專心性命，未得其術，先生於是授以悟眞直註。長卿固請剞劂，以接後學。先生曰：「余其終秘乎哉？與其得人而傳之也。若曰以是爲招而梓之，非予心也。」先生嘗註陰符，世之爭者紛然，先生亦不顧也。

玠大父素悉先生，未得其術，玠因得執弟子禮，敬拜先生珍藏悟眞註，以傳後學之堅心重道者。

辛丑立春弟子笪之玠拜書

天台張伯端平叔　著　京口李文燭晦卿　解

金丹四百字解

眞土擒眞鉛，眞鉛制眞汞。鉛汞歸眞土，身心寂不動。

吾人一點不着色聲香味觸法的清淨心，卽名眞土。坎中一爻，無聲臭的先天眞一之氣，卽名眞鉛；離中一爻，無形象的後天眞一之精，卽名眞汞。夫擒與制者，非智力能擒與制也，全在陰陽五行生尅從化之間些子玄微。且如眞鉛眞土，乃天然子母，相見則彼此氣味自然契合，此卽前輩至妙之擒法。故曰：「眞土擒眞鉛。」又如眞鉛眞汞，乃天然夫婦，相見則彼此氣機自然妙合，此卽前輩絕巧之制法。故曰：「眞鉛制眞汞。」汞婦鉛夫，旣皆歸於眞土，三家相見，仍復混成一大太極，此時清淨心纔凝，纔謂之金丹。從此已後，動亦定，靜亦定，再不飛揚矣。故曰：「鉛汞歸眞土，身心寂不動。」不然，則心雖清淨無欲，然尚未眞死，觸景則依然飛去，止可名眞土，不可謂「寂不動」。

虛無生白雪，寂靜長黃芽。玉鑪火温温，鼎上飛紫霞。

乾象虛無，坤形寂靜，虛無寂靜，兩相摩蕩，乾道卽生白雪，白雪卽前章之眞汞也，坤道卽長黃芽，黃芽卽前章之眞鉛也。故曰：「虛無生白雪，寂靜長黃芽。」

玉鑪與鼎，皆指坤言。鼎之上，卽指修眞之士而言也。眞汞眞鉛，懷於鑪鼎之內，遂實而爲坎。坎中旣有一爻眞陽在內，焉得不温温者乎？故曰：「玉鑪火温温。」

修眞者，一得汞鉛到手，送入清淨心中，此時身中造化，千態萬狀，豈特飛紫霞而已哉？故曰：「鼎上飛紫霞。」

華池蓮花開，神水金波淨。夜深月正明，天地一輪鏡。

吾人一點清淨心，昔莊生曾以「南華」名之，又以「天池」喻之，大抵此心一經眞鉛眞汞煅煉，於是乎突然出於癸水之外，如芙蓉之乍放，如菡萏之初開，故曰「華池蓮花開」。

蓮花一開，周身癸陰，被逐殆盡，止存一味汞金，五彩盤旋，精光閃爍，到此纔可稱華池，纔能生神水。神水乃有象無形、有氣無質之物，焉得不淨？故曰：「神水金波淨。」

此時華池之在空中，象十五夜半之月，光瑩圓滿，清虛澄徹，此卽天地一輪大圓鏡智也。「天地」兩字，蓋指修眞男女而言。故曰：「夜深月正明，天地一輪鏡。」

硃砂煉陽氣，水銀烹金精。金精與陽氣，硃砂而水銀。

硃裏有砂，名曰神火；汞裏有水，名曰癸陰。神火不經壬水一煉，決不能死於坎內。不死坎内，決不成陽氣。故曰：「硃砂煉陽氣。」水銀不經陽氣一烹，決不能乾其癸陰。癸陰不乾，決不能成金精。故曰：「水銀烹金精。」

大抵砂是硃裏神，汞是硃裏精，神凝則爲陽氣，汞死則爲金精。分而言之，則有硃砂陽氣、水銀金精許多名象；合而言之，不過一味硃砂。至矣，盡矣！故曰：「金精與陽氣，硃砂而水銀。」

日魂玉兔精脂，月魄金烏髓。掇來歸鼎中，化作一泓水。

日魂玉兔脂，卽太陽罏中一點神火；月魄金烏髓，卽太陰鼎上一面陽金。陽金鋪滿鼎面，卽取神火歸鼎，故曰「掇來歸鼎中」。鼎中旣被神火凝於其内，遂實而成坎。坎爲水，豈非一泓之水乎？故曰：「化作一泓水。」

藥物生玄竅，火候發陽鑪。龍虎交會時，寶鼎產玄珠。

神火卽藥物，生在日中。日體雖明，體中烏黑，所以謂之「玄竅」。大抵月到上面三爻，金光圓滿，全向於天，此時正好進神火，所以謂之「火候」。因其上面一片陽光，所以謂之「陽鑪」。因其此光一團金氣，所以謂之「寶鼎」。龍卽取象於日，虎卽取象於月，日月交會，得其時候，月纔肯受日中一點神火而結命寶，命寶卽名「玄珠」，故曰「龍虎交會時，寶鼎產玄珠」。

此竅非凡竅，乾坤共合成。名爲神氣穴，內有坎離精。

吾人一點不着色聲香味觸法的清淨心，卽玄關一竅。此竅雖是至精無形之物，然而當時不能自有，必藉乾坤妙合而纔有。故曰：「此竅非凡竅，乾坤共合成。」大抵此竅，乃人之命根。何以知其然哉？氣非此竅不生，神非此氣不住，且此竅靈而最神，凡有所感，無有不應者。觀其怒則成火而面赤，悲則鼻酸而淚下。噫！妙矣哉！真個非凡竅也。神氣的總根，水火的源頭，確確乎是此竅。故曰：「名爲神氣穴，內有坎離精。」

木汞一點紅，金鉛三觔黑。鉛汞結丹砂，耿耿紫金色。

本汞一點紅，卽吾人一點清淨心是也。因其此心出於火中，所以謂之「一點紅」。夫金卽陰金，鉛卽陽鉛，此兩者雖分陰陽，然同出於坎水之中，所以謂之「黑」也。大抵丹法成始成終，皆以六候爲一周天。上三候，每一候用陽鉛半觔；下三候，每一候用陰金半觔。以觔半之陰金，觔半之陽鉛，爲之大藥，烹煉一點木汞，木汞不得不死，結成一顆丹砂，大如粟米，色如紫金，故曰「鉛汞結丹砂，耿耿紫金色」。

家園景物麗，風雨正春深。犁鋤不費力，大地皆黃金。

西南大地，卽我家園；生氣之來，卽我景物。我能乘此生氣，正如和風醒槁，甘雨甦枯，莫不勃然長耳。「皆黃金」者，正見景物富麗，無處不有。且此道易簡，不假犁鋤，不費人力。

眞鉛生於坎，其用在離宮。以黑而變紅，一鼎雲氣濃。

坎中一爻眞鉛，其修眞家反用之以爲火，故曰「眞鉛生於坎，其用在離宮」。大抵眞鉛寄體於坎，則權名爲黑，一歸清淨心，與癸陰一合，仍變而爲紅，如祥雲靄靄，紫氣濃濃，絪縕滿鼎，薰蒸一身，故曰「以黑而變紅，一鼎雲氣濃」。

眞汞產於離，其用却在坎。姹女過南園，手持玉橄欖。

離中一爻眞汞，其修眞家反用之以爲水，故曰「眞汞產於離，其用却在坎」。大抵此汞入我清淨心中，即是過南園。橄欖，江浙謂之青果，借此以喻證仙果也。

震兑非東西，坎離不南北。斗柄運周天，要人會攢簇。

震兑即眞龍眞虎，龍虎即眞鉛眞汞。眞鉛生於坎，眞汞產生離。坎離者，乾坤二用。「二用無爻位，周流行六虛。往來既不定，上下亦無常。」既無爻位、無定處、無常所，焉得有東西南北？故曰：「震兑非東西，坎離不南北。」

修眞男女，入室下工，一點清淨心，端拱無爲，如如不動，至如丹房之內，挨排罏鼎，斗柄誰去運，五行誰會攢簇，此所以要人。要人者，要同心之人，握定斗柄。斗柄即造化之柄。刻刻察周天，時時定晦朔，造坎造離，釀鉛釀汞，這纔謂之「會攢簇」。故曰：「斗柄運周天，要人會攢簇。」

火候不用時，冬至不在子。及其沐浴法，卯酉時虛比。

舉世道人，火且不能曉，安能知其候？陰陽且不能識，安能知其子午？中且不能守，金木且不能辨，安能知其卯酉？大率丹法中之子午卯酉，不過取其象而已，若泥象執文，在晷影上求火候、求冬至、求沐浴，正如接竹點月。

烏肝與兔髓，擒來歸一處。一粒復一粒，從微而至著。

烏肝兔髓，卽眞鉛眞汞。眞鉛眞汞擒歸一處，纔成一粒。然則以何法擒之？惟有一點不着色聲香味觸法的清淨心，獨立虛空，巍巍不動，纔能擒住此兩者。故曰：「烏肝與兔髓，擒來歸一處。」今日服一粒，明日食一粒，積少成多，累微至著，故曰「一粒復一粒，由微而至著」。

混沌包虛空，虛空括三界。及尋其根源，一粒黍米大。

坎中所懷者，一爻眞鉛，卽鴻濛已前之天；離中所懷者，一爻眞汞，卽鴻濛已前之地。此時天、地與虛空，三界始有朕兆，不識不知，無聲無臭，俱在混沌之中。故曰：「混沌包虛空，虛空括三界。」及至究竟其始而初兆之光景，鉛汞兩者，合而言之，不過一粒黍米之大。故曰：「及其尋根源，一粒黍米大。」

天地交眞液，日月合眞精。會得坎離基，三界歸一身。

天地交會，天上一點眞液，自然降入地中，故曰「天地交眞液」；日月合璧，日中一點眞精，自然射入月內，故曰「日月合眞精」。造坎造離之法，全藉這點眞液、眞精以立根本，所以坎中那爻鴻濛已前之天，離中那爻鴻濛已前之地，正是眞液、眞精所化。坎離之基，就是此物。人若會得，取而服餌，則三界自然歸於清淨法身。故曰：「會得坎離基，三界歸一身。」

龍從東海來，虎向西山起。兩獸戰一場，化作天地髓。

東海之龍，即眞汞也；西山之虎，即眞鉛也。汞鉛兩獸，分在兩路，入我清淨心中，與我癸陰大戰一場，於是乎清淨心纔死，化爲一片紫金霜，此即「天地髓」也。

金花開汞葉，玉蒂長鉛枝。坎離不曾閒，乾坤經幾時。

坎中一爻先天眞一之氣，即金花也，即鉛枝也；離中一爻後天眞一之精，即玉蒂也，卽汞葉也。煉丹工夫，自首至尾，不離坎離，朝金花而暮玉蒂，夜汞葉而晝鉛枝。今日如是，明日又如是。日日如是，三萬刻中，坎離何曾有一息之閒？夫惟坎離不曾有一息之閒，修眞男女，卽乾坤也，心中缺陷，不經幾時，修補圓滿，光明如舊，故曰「坎離不曾閒，乾坤經幾時」。

沐浴防危險，抽添謹戒持。都來三萬刻，差失恐毫釐。

凡論沐浴及抽添，內而先要定其中極，外而須要分其陰陽。吾人一點不着色聲香味觸法的清淨心，卽人身之中極也。且如十二地支，到冬至子之半，一點陽火，絕處逢生，胎元於此。大抵陽火，卽丙火也。抽將出來，運到中極，卽名春分。春分則丙火不得不沐浴。夏至午之半，一點陰符，絕處逢生，胎元於此。大抵陰符，卽壬水也。抽將出來，運到中極，卽名秋分。秋分則壬水不得不沐浴。這兩種胎元，不到我之中極則已，到我中極，果然可以添我汞氣，益我壽年。但所可慮者，人到不着色聲香味觸法之時，容易入於斷滅。一落斷滅，異常危險，不可不防。故曰：「沐浴防危險。」又如抽添之際，未免小有所得，誠恐根器淺薄之人，見此光景，便生歡喜，因而持盈。殊不知，一有持盈之心，汞走鉛飛，可惜前功化爲灰已，不可不謹戒。故曰：

「抽添謹戒持。」

總之，三萬刻中，刻刻要隄防；　周天息內，息息要謹戒。

夫婦交會時，洞房雲雨作。一載一個兒，個個會騎鶴。

吾人一點不着色聲香味觸法的清淨心未凝已前，雖清靜無欲，然尚活，止可名眞土，不可名金丹；　止可名黃庭土釜，不可名金胎神室；　止可名陰池，不可名華池。一凝之後，纔可名金丹，纔可名金胎神室，纔可名華池。於是乎，神水纔能生乎一身。此卽謂之金液。此液一與神火交會於金胎神室之中，則夫夫婦婦，雨雨雲雲。此自然之道也。大抵神水屬陽，神火屬陰。陽爲夫而陰爲婦，木爲男而火爲女。況以金胎神室而爲洞房，夫婦交會於此，安得不雲且雨乎？　故曰：「夫婦交會時，洞房雲雨作。」

交會之後，雲收雨散，結成聖胎，温養一載，調理出殼，如此生來，焉得不個個皆會騎鶴？　故曰：「一載一個兒，個個會騎鶴。」

跋

天台四百字，字字慈航；金紫二十章，章章法寶。三觔黑內，內有無極眞君；一點紅中，中藏元始祖炁。水一泓，三界完全；粟一粒，十方具足。玉罏寶鼎，豈是空言；汞葉鉛枝，殊非浪說。我本南園，彼爲北地，微獨陽是坤生，陰亦地起。日魂原在人間，月魄豈離世上？玉兔脂，金烏髓，鉛汞之精華；東海龍，西山虎，陰陽之法象。眞硃砂不産辰州，活水銀豈生雲貴？心汞不純陽，不謂華池；氣血不潔白，不生神水。己汞實死，纔號金精；神火眞亡，方名陽氣。夫婦非人世間夫婦，壺裏夫婦；雲雨非枕蓆上雲雨，山頭雲雨。符火入中宮，隄防斷滅；汞鉛歸一竅，謹戒持盈。白雪原無質，黃芽豈有形？不於混沌中生擒，卽在鴻濛前活捉。苟爲不然，則難免夜半風雷，不無穴中煙氣。人身中自有活子時，晷影上絕無眞火候。前輩乃託象以爲言，後學旣得理宜捐象。總之，不識本心，學法無益；不通外藥，打坐無功。苟非性命雙修，焉得形神俱妙？形骸傳舍，本體眞心。傳舍乃幻物，眞心卽法身。莫認識神爲妙性，勿將幻體作眞形。妙性本空，法身卽命。性以無爲，命須雙作。昔者伏羲，因得此道，以襲氣母；黃帝因得此道，以登雲天。求此道者，謂之哲人；聞此道者，謂之高人；得此道者，謂之聖人；渾此道者，謂之神人。吾固不敢以聖人、神人自居焉，然亦自信非庸人、俗人可比也。奈何天下具眼者少，知吾者希。

李文燭跋

京口夢覺道人李文燭晦卿 著

正續黃白鏡

黃白鏡

京口夢覺道人李文燭晦卿　著

蒲團子按　道書集成收錄兩江總督採進本黃白鏡題署「京口夢覺道人李文燭晦卿甫著，姑蘇拙拙道人周守全完人甫潤色，洪都默守居士熊位女正甫刪訂」，鈔本黃白鏡題署「京口李文燭晦卿著，虎林朱維威虎臣註」。本書整理以道書集成本爲主，收錄數條鈔本註解。

黃白鏡序 採自鈔本

謹按黃白之術，非雕蟲末技之事也。觀夫鼎器方天地，藥物方日月，火候方四時，歸復方昆蟲草木，其事亦費矣，其理亦隱矣。

所謂黃白者，專指金丹色象言也。蓋爲爐火之家，以土爲藥，以金爲丹。土以火返，金以汞還。土之色象曰黃，金之色象曰白，造土乾汞，故曰黃白之術。

吾又聞，黃之爲物也，非世間硃砂、水銀、黑鉛、白錫及一切現成故有之物，乃陽池內造化窟中劈空立出兩種物來。一種鴻濛已前之天，一種混沌未分之地，有氣無質，有象無形，雖聖人亦無得而名其名，乃强名爲黃。黃既成矣，乃今而後，可以令水銀潔白見寶。

卽以此寶，造黃輿，種黃芽，黃而養白，白而養黃，更爲母子，互作夫妻，反覆接制，顛倒超脫，自然清眞，自然點化。此黃白之大略耳。

修眞者，勿謂「黃白」兩字爲細務也。自晉到今，千二百餘年，寥寥無聞。求此術者，豈止牛毛，而成此術者，竟如兔角。可見此事可遇而不可求。且孔子曰：「死生有命，富貴在天。」又曰：「富而可求也，雖執鞭之事，吾亦爲之；如不可求，從我所好。」此人間富貴，尚不可求，況此術乃天之鴻寶乎？大抵天亦不多此術，而常多此人。有此人，斯有此術；無此人，必無此術。此人者，聖人也。我果聖人，天自予此術。天地鬼神，最厭者貪。天下之貪，莫大於貪此術。貪此術者，天之戮民也。天且厭而戮之，肯予若此術乎哉？世人必欲得此，吾與若求之術。第一不可有害人心、利己心、狂妄心、貢高心、貪財心、嗜色心、務名心、好善心、惡惡心。凡有纖毫絲忽之心，不論善之與惡，皆屬虛妄。旣屬虛妄，卽失天眞。旣失天眞，卽是不肖天地。試觀人間父母，喜其肖己，而惡其不肖己也。天地爲我大父母，又豈有兩心哉？只要此心如天地之寬，如山嶽之定，不出不入，不動不靜，造次必於是，顛沛必於是。夫惟如是，乃爲不求之求。司此術者，將捨若而予之誰焉？苟不如是，妄求此術，非謂不得，且干天戮。吾作是鏡，不獨照黃白，亦能照人心。人能以此鏡時時一照之，亦足以見其本來面目。

大明萬曆戊戌元旦京口夢覺道人李文燭晦卿甫序

一照黃白

舉世慕黃白，不知黃白義。黃白之術，全在汞火變化。火滅化眞土，土禀中央之氣，色象故黃；汞死變眞鉛，鉛禀西方之氣，色象故白。黃者爲藥，白者爲丹，一藥一丹，是謂黃白。

鈔本虎林朱維威虎臣註曰　開門見山，土爲藥，金爲丹，土以火返，金以汞還。

二照乾坤

黃白之術，先立乾坤，以爲鼎器。此言一留人間，未免驚世駭俗。殊不知，天地乃天地之中乾坤也，男女乃男女之中乾坤也，砂鉛乃砂鉛之中乾坤也。雖一禽一蟲之中，亦各自具一乾坤，何必限定天地纔爲乾坤也？知此者，可以內修胎仙；知此者，可以外鍊黃白。

鈔本朱維威註曰　坤得天之生數而成土，乾得地之眞種而爲金。《契》云：「金計有十五，水數亦如之。」坤土爲金母，言金則坤在其中矣；乾金爲水父，言水則乾在其中矣。總名十五，均平之意耳。乾交坤而生坎，此陽順也；坤交乾而生離，此陰逆也。坎水生乾金，還先天也；離火成坤土，返先天也。故坤生乾金，乾生坤土，內外一理，本末、先後之分。初一至十五爲乾，十五至三十爲坤。

三照四象

黃白之術，則以硃砂爲乾，黑鉛爲坤。硃砂之中所含者，乙木與丁火，乙木卽青龍，丁火卽朱雀；黑鉛之中所含者，庚金與壬水，庚金卽白虎，壬水卽玄武。青龍、朱雀、白虎、玄武，是謂四象。

四照母氣

黃白之術，先要洞明母氣。所謂母氣者，就指鉛中一點妙有而言。大抵鉛屬坤，坤形六段，其體本空，何嘗有此妙有？因與砂交，砂中一點陰神移過鉛中，與先天一氣合而纔有，太上故曰「有名萬物之母」。捨此母外，再無別藥可以乾得水銀。世間黃金白銀，名雖至寶，其實還屬凡質，獨不聞「凡質從來不化眞，化眞須得眞中物」。

五照父氣

鉛中妙有，固爲母氣，還有一種父氣，更非衆人所能知者。鍊丹起手，不離砂鉛。砂鉛一交，結成一粒黍米玄珠，懸於鉛内，此卽謂之妙有也。但此妙有，感在陰分則爲母氣，感在陽分則爲父氣。譬如天上之太陰，人間之少女。太陰生明在初三日酉時，則爲新月；在念八日卯時，則爲曉月。新月之光，便是父氣；曉月之光，便是母氣。少女懷妊，得乾道者，則成男胎；得坤道者，則成女胎。男胎便是父氣，女胎便是母氣。鉛中妙有之爲父母氣也，亦復如是。

六照祖孫

汞死卽眞鉛，眞鉛水之母。惟是水之母，故爲汞之祖。汞日爲流珠，流珠水之子。惟是水之子，故爲鉛之孫。

七照氣結

方外之士，孰不會說砂鉛氣結？及其下手，則又不然。將鉛鍊出花色，以砂投於鉛面之上，可憐砂中眞氣飛走殆盡，止存一味查質，愚人見而寶之，誤認以爲天旣，指望將此乾汞。道人每見此流，深笑之而又極憐之。丹書之中，明明點出「乾坤交媾罷，一點落黃庭」，只此黃庭一點，乃砂鉛二物之中精神命脈凝結而成者。砂皮石殼，譬如一堆死屍枯骨，烏足以比之耳。故曰：「天旣原是硃砂精，莫把砂皮認作眞。」

八照天𣉺

凡我同志之士，須要知夫天𣉺。知夫天𣉺者，金丹口訣已過半矣。所謂天𣉺，實非砂皮石殼，乃黑鉛之中一點先天眞一之氣是也。此氣鉛中本無，只因砂鉛一交之間，砂中一點神火流落黑鉛之内，結成一粒黍米之珠，此卽謂之天𣉺也。若能以火逼出此𣉺，眞乃乾汞之聖藥。大抵此𣉺，其色正黄，其質乾燥，其形堅剛，其性猛烈。人知慕此𣉺者，高人；知此𣉺者，哲人；　鍊此𣉺者，至人；　得此𣉺者，聖人。

九照次第

丹法有次第，有去取一些，不可紊亂，差之毫釐，謬之千里。且如水銀、黄𣉺、砂皮，合而言之，謂之硃砂；　分而言之，則水銀爲硃，黄𣉺爲砂，砂皮乃査質之物。古人鍊丹，取其精華，去其査質。始而下手，先借黑鉛之中一點壬水養死黄𣉺，謂之養砂。繼而𣉺養實死，纔去轉制水銀，謂之鍊鉛。水銀一經轉制，登時實死，化成一塊純陽乾金。惟此純陽乾金，纔謂之眞鉛。既得眞鉛之後，此外不復再用黑鉛。方士不知此妙，泥定「養砂」兩字，動輒要把硃砂在鉛上弄死，以爲天𣉺。寧知天地無全功，聖人無全能，豈有一點黑鉛而能令水銀、黃睆、砂皮一起全死之理？况水銀、黃睆輕浮之性，見火卽飛，所存者不過砂皮、石殼後天查質之物。如此之類，車載斗量，何足爲罕？

十照藥火

黃睆出自硃砂之中，則爲神火；一落黑鉛之內，登時化爲大藥。故曰：「藥卽是火，火卽是藥。」

十一照配合

天下儘有聰明之士，頗知其理，而於黃睆，但只不明制伏黃睆之法，所以不能成事。砂中黃睆，以五行考之，則屬丁火。旣屬丁火，何不配以壬水？丁壬妙合，自然結成一粒黍米玄珠。故曰：「識破坎離，大丹了刦。」

十二照壬癸

鑪火之家，只爲不識壬水，所以黃睆不死；只爲不識戊土，所以水銀不乾。壬水長生於坤，癸水長生於卯。卯卽水銀，坤卽黑鉛。求壬水，須在黑鉛之中求之；去癸水，捨戊土之外別無奇方妙藥。大概黃䏶要死，不死不成戊土；癸水要乾，不乾不成白金。戊土者，大藥之假名；白金者，金丹之實相。

十三照鉛汞

黑鉛之中，內含一點壬水，其性屬陽，在五行中獨與丁火相當；硃砂之中，內含一點丁火，其性屬陰，在五行中獨與壬水相當。砂鉛交媾之時，假如壬水先至，丁火後施，則陽包陰而成離。離中一畫耦爻，乃先天之地也。萬一丁火先至，壬水後施，則陰裹陽而成坎。坎中一畫奇爻，乃先天之天也。只此一奇一耦兩爻，先天乃天地之根，玄牝之門，纔謂之眞鉛、眞汞。其餘凡砂、水銀，與夫五金八石，皆屬後天查質，烏足以稱其「眞」。宋人故曰：「時人要識眞鉛汞，不是凡砂及水銀。」

十四照玄牝

玄牝二物，居於天地之正位，隱於坎離之中爻。坎中一畫奇爻，爲戊土，爲金鉛，爲玄陽，爲眞父，故曰「坎戊玄土金爲父」；離中一畫耦爻，爲己土，爲木汞，爲牝陰，爲眞母，故曰「離己牝土汞爲母」。

十五照火符

坎中一畫奇爻，名曰陽火；離中一畫耦爻，名曰陰符。且如水銀之中，進一爻陽火，以象震卦；進兩爻陽火，以象兑卦；進三爻陽火，以象乾卦。卦至上九，其陽亢矣，故當濟以陰符。進一爻陰符，以象巽卦；進兩爻陰符，以象艮卦；進三爻陰符，以象坤卦。卦至上六，其道窮矣，故當又起陽火。周而復始，始而復終。六百火符，大概如此。宋人故曰：「本是水銀一味，周流遍歷諸辰，陰陽數足自通神，出入豈離玄牝？」

十六照周天

金火歌中有「四九三十六，方得半斤氣」之句。方士不知此中含畜妙義，却將凡銀八兩，以黑鉛三十六斤，分作九池，分銖定兩，煎鍊觀花，以爲得法。甚致造出一書，刻板傳世，何其僞妄之甚？所謂「四九三十六」者，乃八卦總數一月周天。且如乾一、兑二、離三、震四、巽五、坎六、艮七、坤八，盡八卦之數，筭來共得三十有六。故曰：「周天度數要師明，不遇師傳莫亂行。三十六宮翻卦象，千金莫與俗人論。」

十七照烹鍊

黄琉本爲陰火，一經壬水配鍊，登時化爲陽土，故曰「硃砂鍊陽氣」；水銀本爲木汞，一經陽土烹製，登時變爲金丹，故曰「水銀烹金精」。

十八照交感

「鏡内雖用砂中丁火起手，却又不可取出火來；雖用鉛中壬水配合，却又不可取出水來；雖要丁壬妙合，却又不是將鉛鍊到水清月白之時，以砂投於鉛面之上；雖不以砂投於鉛面之上，却又不是砂鉛全不合體、水火全不交光。砂鉛若不使之合體，水火若不使之交光，更假何物而爲之乎？金丹之法，交有時，合有法，順去逆來，各有門户。得其門户者，升堂入室，直抵玄關；不得其門户者，耗火亡財，破家蕩産。「與君説破我家風，太陽移在月明中。」

十九照神氣

方外之士，都在象中求象，所以不得眞象；都在形中求形，所以不得眞形。即如前鏡內說用丁火起手，不免又落於象矣；說用壬水配合，不免又落於形矣。道人據師所傳，玄元大道，無象無形，因而連火也不用，用火中之神；連水也不用，用水中之氣。惟神與氣，無象無形，神氣相交，靈苗乃結。

二十照火候

黑鉛本屬坤申。坤申之地，有庚金建祿，壬水長生。但庚金有一月一次圓缺，壬水故有一月一次消長，二七而來，七七而去。惟其此金、此水，有圓有缺，有消有長，有來有去，所以生人生物，故亦有生有死。然雖如此，丹門又以圓缺、消長、來去為之火候。當爐者不可不知此候。不知此候，砂鉛雖合，斷不結胎。若不結胎，却將何物以為丹頭？故曰：「月之圓存乎口訣，時之子妙在心傳。」

二十一照池鼎

丹房器皿，有陰池、陽池、土池、灰池、華池、玉池、流珠池、飛仙池，又有乾鼎、坤鼎、銀鼎、鐵鼎、鉛鼎、金鼎、流金鼎、硃砂鼎，種種異名，無非譬喻。藥靈不在池，丹聖豈在鼎？不過是銀鉛砂汞四件物事變來許多名色。愚夫執文泥象，知者得理忘言。

二十二照沐浴

沐浴卽洗濯之變名也。黃芽凝結於坤土池中，若不洗濯，何由得出？純陽先生不曰「地雷震動山頭雨，要洗濯黃芽出土」？況此黃芽乃天地之心，丹經所謂沐浴洗心者，正謂教人洗出這點天地之心來。

二十三照鍊己

水銀出自硃砂之中，名爲己汞。丹經曰「鍊己」者，正爲教人鍊此己汞也。蓋爲己汞乃陽裏陰精，不經眞陰眞陽煅鍊一番，斷然不能堅剛住世。所謂眞陰者，卽離中一畫耦爻，名曰姹女也；所謂眞陽者，卽坎中一畫奇爻，名曰嬰兒也。只此一嬰一姹，纔名眞男眞女。道人丹法不論內外，皆用男女，然所用男女，豈世上之男女耶？卽此嬰姹者是也。

二十四照築基

水銀實死，潔白見寶，纔可造黃輿種黃芽。故曰：「砂汞成銀丹立基，生生化化任栽接。」

二十五照過關

金丹之術，妙在於死黃晥。不到鉛關走過一番，斷然不能絕命。故曰：「硃砂不過關，如隔萬重山。」

二十六照過度

水銀活則爲木，木乃青龍也；死則爲鉛，鉛乃白虎也。青龍分野於房六度，白虎分野於昴七度。故曰：「水銀不過度，神仙迷了路。」

二十七照超脫

黃晥未化戊土，定假坤中壬水配合，既成戊土，卽當脫出黑鉛，故曰「砂死則必脫」；水銀未變白金，全藉坎中戊土制伏，既成白金，卽當超去天晥，故曰「汞死則必超」。

二十八照水火

水銀未乾已前，本爲木汞。一乾之後，卽名白金。木汞能生神火，所以硃砂之中故有黃晥；白金能生神水，所以石函記內故有「神水原因出白金」之句。

二十九照凡聖

水有陰陽，誰不知其爲壬爲癸；壬分清濁，孰能辨夫是經是神。經水生自黑鉛之內，源頭本濁；神水出自白金之中，根上原清。是故神火與經水妙合，則成凡孕；與神水妙合，則成聖胎。將欲超凡而入聖，定教由濁而纔清。宋人故曰：「白虎首經至寶，華池神水眞金。」觀其如此稱讚首經，其意亦可知矣。外丹起手，斷然不能離乎砂鉛；內丹起手，斷然不能離乎乾坤。

三十照枯鉛

丹書云：「枯鉛乾汞。」又云：「鉛枯汞自乾。」只這兩句雙關二意之言，誤盡今古多少丹客。噫！書豈誤人？人自不悟耳。殊不知，汞中癸水，即名鉛也。枯去癸水，其汞自乾，此之謂「枯鉛乾汞」。愚夫不達此理，却把黑鉛炒成嚣塵，指望要去乾汞，獨不聞「鍊鉛不是鍊枯鉛，鉛若枯時氣不全」。

三十一照白金

概世方士，都求白金於黑鉛之内，或求於鑛鉛之内，或求於鷄子鉛之内，皆謬矣。獨范純仁先生序漁莊錄一句「其術士善鍊水銀爲白金」，只這十個字，直打到太上老祖心坎上。況晋人亦曾點出「白金卽是水銀胎，返本還元水銀制」。

三十二照清眞

砂中黄硫，不可令其存性，若有纖毫生意，終屬凡質，難以通靈； 汞中陰氣，務要令其斷根，若存纖毫癸水，終是含陰，難以入聖。 大抵非壬不足以成硫之靈，非靈不足以致汞之聖。 旣聖而又復生其靈，旣靈而又復生其聖，以聖育靈，以靈育聖，愈聖愈靈，愈靈愈聖，靈聖之極，自然清眞。 故曰：「你死我死，先天在此； 你靈我靈，萬化祖根。」

三十三照點化

黄硫實死，纔能點得水銀而成金丹； 水銀實乾，纔能化得五金八石、凡磁瓦礫、大地塵沙等物盡成金寶。 故曰：「硃硫不死汞不乾，水銀不死茅不白。」又曰：「凡磁瓦礫盡成金，大地塵沙皆作寶。」

三十四照服食

茗葉可以清人之神，酒漿可以亂人之性，巨勝可以延人之年，巴葛可以殺人之命。世間查質之物尚爾如此神異，況於無中生有之靈丹妙藥乎？　大概三轉之後，纔望清真，便能點化五金八石而成寶住世；　九轉之後，纔入清真，便能毉治諸虛百症而起死迴生。若能接至七百二十轉之後，卦爻圓滿，火候充足，清真極而致於神化不可言地步，豈有不可服食之理？　但服食之際，大要分別輕清重濁。輕清的是藥，重濁的是丹。丹僅擅其點化，藥纔可以服食。故曰：「輕清服而成神仙，重濁點金等泰山。」

三十五照藥品

藥之品類，不可不知。有至藥，有大藥，有聖藥，有神藥。四品之藥，皆以神爲種子。此種下在黑鉛之內，則成至藥、大藥；　下在白金之內，則成聖藥、神藥。蓋爲黑鉛之内有經水之氣長生，白金之内有神水之氣長生。大抵二水之氣皆能化神爲藥。

且以至藥、大藥，先爲吾子分之。硃砂之中，有木有火。木之數三，火之數二，三二合而言之乃爲五。五中却有一點至精至妙之物，謂之曰神。黑鉛之中，有金有水。金之數四，水之數一，四一合而言之亦爲五，五中亦有一點至精至妙之物，謂之曰氣。神氣相交，靈苗乃結，卽易之所謂「二五之精，妙合而凝」者是也。然而神氣一凝，乾道化成一畫乾金，周易不曰「大哉乾元，萬物資之以始」？故以這一畫乾金名之爲大藥。坤道化成一畫坤土，周易不曰「至哉坤元，萬物資之以生」？故以這一畫坤土名之爲至藥。此大藥、至藥之名由是而定也。

再以聖藥、神藥，細爲吾子分之。水銀活則爲之木汞，死則謂之白金。木汞能生神火，白金能生神水。神火入於白金之中，與神水之氣妙合，乾道化而爲之神藥。神藥者，卽世之所謂陽神也。坤道化而爲之聖藥。聖藥者，卽世之所謂聖胎也。殊不知，神藥、聖藥比至藥、大藥更靈更妙。使若接至七百二十轉後，其靈妙又可知矣。人得服餌，小則長生久視，大則拔宅飛昇，雖死屍枯骨，得沾其氣，未有不返魂再活者，故曰「返魂再活生徐甲」。

三十六照合一

內丹、外丹，事同一體，苟得其法，錬內丹亦可，錬外丹亦可。且夫內而以心爲主，心猶汞也；外而以汞爲主，汞猶心也。心死謂之內丹，汞乾謂之外丹。內丹成，謂之仙人；外丹成，謂之仙銀。仙人者，得道之人也；仙銀者，得道之物也。以得道之人而點物，物必化而爲寶；以得道之物而點人，人必化而爲仙。然非人能點化其物，亦非物能點化其人，其所以能互相點化者，乃道之力也。執着之徒，不通其道，謂內汞以外丹之藥爲之非類，彼獨不見列仙傳屢言神仙呵汞可以成銀，然則外汞偏獨不以內丹之藥爲之非類乎？

黃白鏡後跋

吾聞內事作用全在心神，外事作用全在汞火，大率內事之凝神卽外事之息火，內事之死心卽外事之乾汞。志於黃白者，奚必求奇立異，但去究竟何法可令神凝，息火之法自得之矣；何法可令心死，乾汞之法自得之矣。火色雖赤，見黑自黃；汞色雖青，見黃自白。白者金丹，黑者水色。水者道樞，其數名一；火者虛無，其數名二。一名萬物之母，二名天地之始。知其母，識其始，造化之柄由我握之。握造化柄者，證仙佛果若探囊耳，又奚事於黃白哉？

萬曆巳亥歲正月人日夢覺道人李文燭後跋

續黃白鏡

京口夢覺道人李文燭晦卿甫著

醒醒歌

石函記，漁莊錄，兩公留下金丹目。胡爲今古鍊丹家，個個無成空碌碌。
玄律嚴，天威肅，金丹原是神仙禄。肯教容易與凡夫，妄干徒受天之戮。
求此事，須積德，務要把心先放直。陰德積多天自予，天予不教人費力。
與君說，休疑惑，莫向凡銀討花色。硃砂縱死亦何用，枉把黑鉛鍊枯極。
休輕信，方上客，山中尋草煑八石。更將水銀投黑鉛，草煅硃砂眞可惜。

要汞乾，須火息，先要將紅飛入黑。紅爲火神黑水氣，神氣相交自相得。

神居南，氣居北，南北之中討消息。結成龍虎兩胞胎，借爾胞胎將永翼。

龍虎胎，眞命脈，誰人認得誰會摘。有人問我胞胎形，射日紅塵滾窓隙。

浣此塵，出水國，全憑烈火將他逼。逼他出水號天晄，天晄乾汞神仙則。

神旣凝，天晄熟，不怕水銀心不伏。水銀見晄登時乾，從此河車任反覆。

火是神，汞是谷，汞火一家親骨肉。火若不凝汞不乾，汞乾方可名基築。

水銀乾，色潔白，還要將他來鍊赤。汞銀鍊赤造黃輿，直上蓬萊無阻隔。

死硃砂，枯骨革，凡夫寶之如拱璧。大家稱此作天晄，惹得神仙暗點額。

暗點頷，笑人差，天⿰目㐬原是砂精華。因到鉛關行一轉，至陽呼此作黃芽。

砂之精，鉛之華，結就天⿰目㐬在坎家。不向此中求秘訣，鐵鞋踏破遍天涯。

遍天涯，没處尋，坎中一點天地心。此心原是神火化，惟此能除汞裏陰。

鈔本註 若欲乾汞，除此坎中天地之心，斷乎不能實死。蓋天地之心，實坎離二卦交媾而成。故下文緊接曰「坎中一點潛龍髓」。

汞裏陰，名爲癸，癸若乾時汞自死。若要癸乾也無難，坎中一點潛龍髓。

潛龍髓，卽天⿰目㐬，不比尋常查質流。砂鉛未有先有此，莫把砂皮石殼求。

死硃砂，石骷髏，骷髏裏面神氣休。可憐神氣不留住，反把骷髏當寶收。

笑世人，忒煞癡，只在丹房弄鼎池。硃砂黑鉛眞鼎器，陰陽交合卽成兒。

造天硫，生身同，鉛受砂施片晌工。雜類一毫原不用，自然一點篏當中。

說交媾，自有期，莫教太蚤並太遲。若不得時空合體，一陽纔起正當時。

天硫花，有兩朵，一鑪實無兩樣火。譬如懷胎有女男，莫怪吾言太瑣瑣。

太瑣瑣，忒明明，天硫不是無因生。只爲有形相合體，一副黃芽兩地萌。

砂中汞，最陰柔，活則沉兮死則浮。萬法千方皆不死，一見天硫癸便抽。

汞見硫，陰氣滅，清如霜色鬆如雪。不來西舍求乳母，依舊前途還未徹。

汞實死，卽金丹，須知栽接有何難。起根轉制清眞極，久久人餐生羽翰。

水心篇

憶昔逢師在酒樓，一時魚水便相投。他言下手無根蒂，且藉凡鉛起粘頭。

卷卷丹經說死砂，硃砂縱死亦還差。能將硃裏砂來死，方是丹房老作家。

硃裏求砂始是砂，此砂凝結即黄芽。人人都把硃砂死，誰肯回思自己差。

硃裏水銀名己土，砂爲神火土之娘。古今多少老罏火，不識娘兒空自忙。

要死兒時先死娘，不將娘死子難亡。娘逢壬水方纔死，誰解鉛中是法王。

養砂之法最辛勤，鼎要温温火要文。此處莫教差錯了，自然水火氣氤氳。

砂到鉛中造化生，丁壬相合結精英。開罏慢自分龍虎，入鼎先須定甲庚。

庚爲白虎甲爲龍，虎在西方龍在東。兩獸捉來歸己汞，一輪明月天當中。

甲龍庚虎兩胞胎，借爾胞胎把汞培。但得虎龍同入汞，何愁癸水不分開。

癸水分明汞裏生，一逢戊土便相迎。如今睡醒纔方覺，戊土原來卽甲庚。

須知乾汞也無難，戊癸相逢汞自乾。戊癸化成螢惑去，汞銀一味卽金丹。

汞若乾時卽白金，白金猶自怕含陰。鍊成紫赤眞金體，留在丹房捕赤禽。

水銀乾徹卽枯鉛，世上枯鉛豈足言。汞沾半點枯鉛氣，便覺癡呆軟似綿。

癸鉛枯盡露先天，枯盡鉛時汞體堅。記得癸鉛初見戊，嗷嗷泣泣似鳴蟬。

庚金胎處癸長生，戊土來時癸自薨。癸盡自然金現象，何勞人去費神情。

書傳乳哺在西鄰，天下丹房說是銀。坤母與西纔時壁，凡銀却與汞何親。

乳娘沒乳且休言，枉把眞鉛裹面煎。此處不知栽接法，依然前路又茫然。

拙拙時嘗到我前，從來口吃不多言。今朝問我眞鉛理，汞不乾時不是鉛。

又問天硫事若何，人間查質總成訛。天硫不是尋常物，生長西南造化窩。

先種天硫在黑鉛，從來此處不輕傳。誰知先把天硫種，會種天硫便是仙。

天硫正是方生物，元始初成造化根。新月一鉤相髣髴，俗人半句莫評論。

硃砂因與黑鉛交，一點神光射入胞。從此天硫纔有象，昔人稱此作初爻。

硃砂交後體無妨，只用中間一線光。譬如男女相交後，肢體何曾略損傷。

千方萬法把砂爲，神去精亡剩死屍。多少道人皆着假，欲將枯骨養孩兒。

一罏火隱一罏丹，火隱何愁汞不乾。成始成終惟火汞，一毫凡雜没相干。

天晇初用黑鉛栽，終是人間濁胚胎。若把汞金爲鼎器，自然生長是靈材。

天晇出產汞金中，力量原來自不同。八石任教隨意養，也無一樣不成功。

笑殺人間井底蛙，盤山度嶺覓仙葩。將來搗汁同砂煑，汞走晇飛路愈賒。

總識天晇是汞鉛，不知超脱也徒然。大都超脱皆憑火，只在天晇聚散邊。

結得䖮胎在坎中，一時辭母入東宮。神仙說道無他法，些子玄微在火功。

汞藉天䖮癸氣收，天䖮與癸共綢繆。全憑火力攻他出，野馬氤氲片片浮。

丁壬妙合胎須脱，戊癸天然火要超。火散汞乾超出世，脱然無累自逍遥。

神凝點汞汞成銀，汞點成銀復養神。神養聖靈仍點汞，一番超過一番新。

火是神兮汞是精，精爲乙木火爲丁。若非己汞親枝葉，誰敢無知汞裏行。

靈臺不敢說清澄，心上猶貪最上乘。鉛鼎有壬今既識，硃池丁火豈難凝。

硃䖮自識爲神火，己汞誰知是冷砂。己汞始乾稱白雪，硃䖮初結卽黄芽。

鍊丹起手要清眞，根不清眞枉費神。多少盲燒瞎鍊士，嘵嘵只是講凡銀。

東海火庵藏聖汞，西山泉眼匿眞鉛。須向鼎中細分剖，免使鑪邊有禍僭。

丁寧鍊士要防危，最怕人妖暗裏窺。丹室四維懸寶鏡，洪鑪當頂覆儲帷。

只恐凡夫意不誠，人心一正卽誠明。任教無明妖魔鬼，盡化丹房護法兵。

丹房伴侶要同心，伴侶同心可斷金。若是同心人做事，阿誰魔鬼敢相親。

壇場不可近墳塋，古廟神堂鷄犬聲。龍抱虎超坐生氣，之玄兩字水相迎。

丹房門户莫當中，坎宅開門在巽風。離震地天山換澤，能依此法自亨通。

竈支鼎立張廉處，鬼盜神偷不可當。伴侶弗和時炒鬧，火災官事禍非常。

胡宗明是最凶徒，此處安鑪禍不無。寄語丹房掌鑪者，莫將微細反心粗。

王文王用兩星辰，仔細評來總不仁。不若貪狼並武巨，三星之上可相親。

又把三星校短長，雷風水火用貪狼。乾坤山澤偏宜武，便用天醫也不妨。

識得臨鑪秘密機，不愁鷄犬不隨飛。如今且到龍光寺，看過龍沙卽便歸。

禮罷眞君就轉槎，閒雲留我應龍沙。不知南國烟霞士，自有龍沙種在家。

自在滕王閣下歸，如今還只掩柴扉。三餐了罷無此事，鎮日窓前寫化機。

昔余遭劉青田累，幾成孔北海禍，賓客皆散去，惟姑蘇拙老獨不去。已而事白，執侍如故，由是余多老，遂欲以修鍊胎仙之法告之。第憚其性根欠利，卒不能悟，故續此鏡。先以嘗其聰明，俟其觸類旁通，能悟本心，然後有以教之。不然徒洩天寶，何益也？六祖太師云：「不識本心，學法無益。」老其勉之哉。

萬曆辛丑午月京口夢覺道人李文燭晦卿甫識

鈔本朱維城跋

不佞入玄門以來，歷閱丹經子書數百卷，大都藏頭露尾，不肯直洩天機。獨晦卿先生李祖師憫後之失傳，思自己之難得，故惓惓於下手處，顯露眞奥，直洩天機。其著書立言，不啻千百餘卷。而三十六照，尤其親切顯明。窺其心，直欲人人得道，個個成仙，不啻天地父母之心也。敬之敬之。

朱維城謹跋

跋黃白鏡後

文里李先生著黃白鏡正續二集，與所註陰符經、悟眞篇諸書相爲表裏，刻而藏之，非高足弟子不以示。余幸得而卒業，仰見破除邪宗，指歸正途，發明金液還丹之道，首尾俱盡，濁可以點化金石，清可以服食沖舉，所謂「惟此一事實，餘而卽非眞」。性命之極談，修持之秘要也。世人未得旨訣，妄意揣度，若射覆然。存金存玉，惟置物者知之。余□玩是編無已，再為剞劂，公之同志。竊自謂能庶幾發其所覆，相眎而咲，莫逆於心者，觀者其信以爲妙道之行乎？抑以爲孟浪之言也。

苦縣柱下史一無道者夏之臣拜手書於渦曲之秘館

附篇

晦卿季父直註道書總序

余嘗讀南華經，則見其說曰：「莫壽於殤子而彭祖爲夭。」噫！莊生何以言哉？何以言哉？豈吾徒所謂更百千萬劫而不朽者，固自有在，而此七尺，猶之乎芻狗，蘧廬不足爲輕重歟！自長生久視之說，出於老氏之徒，而煉精、煉氣、煉神之說，日紛紛而不可窮詰。而不知煉神總歸於還虛，則長生實無生也。由斯以觀，則吾儒「朝聞夕死」「夭壽不二」兩言，固已蔽琳函三藏大旨矣。莊生之言，其有味哉！

余自高、曾三世以來，俱以儒發家，不讀二氏書，讀之，自余季父晦卿始。晦卿爲余從祖穎叔隆平公季子。隆平公豪有逸才，以文章詞賦聞海内，獨居官教子，一禀先民法程。晦卿髫齓趨庭，治舉子業。隆平公心異其才，而慮其業之分也，而督之楚之，令卒舉子業。晦卿知父兄所望，僅僅舉子業也，於是陽治舉子業，而陰讀道書。雖承治命，而雅非其好。隆平公雖洞晦卿底裹，然課之題，則燁然文彩。命之覆講，則如所口授，竟莫可奈何而止。一日於官舍長跪而請曰：「鄴侯李泌，大人以爲何如人哉？」隆平公曰：「此唐之名儒也。若奚之問？」復跪曰：「『天生吾，地毓吾，天地生吾有意無。安排不僊復不貴，空作昂藏一丈夫』，此非鄴侯之詩乎？兒以爲，以詩書發家，以神仙結局，則丈夫住世一番大事業也，而匏繫一官若矣。」隆平公知晦卿意在微諷，乃不言而目攝之。晦卿不敢竟說而起。會隆平公入覲，卒於都下，晦卿乃一意道書，以陰符經則註，以參同契則註，以悟眞篇則註，以黃白鏡則著。其註也，不襲前人一語，而據其胸中所獨得，故海內名公，如青田之劉，豫章之張，往往忘年忘分，造其廬而下問焉。

晦卿游道既廣，請益者日益衆，其豫章之門人李長卿輩，乃謀木書以應求者。又會青田以事被收，而晦卿以青田問道往來之跡併被收，乃慨然長嘆曰：「太史有言，左丘失明，厥有國語；孫子臏脚，兵法修列；屈原放逐，乃賦離騷；不韋遷蜀，世傳呂覽。天之厚余，其在斯乎？其在斯乎？」更搜三書而復註之。越四十書成而事白，乃舉以授不佞一陽，而命序之。且恐余如隆平公之見也，乃戲予曰：「吾與爾皆柱下史之後也，爾世其官，我世其學，不亦可乎？」不佞一陽，因得卒業焉。其所載嬰兒姹女、眞土眞鉛、二分二至、南辰北斗、乾坤坎離、鼎器藥物、硃砂白金，多是法象別名，非得訣者固不易解。至於觀此心於喜怒哀樂未發之前，則延平之旨也；觀此心於意必固我既忘之後，則心齋之學也；求鴻濛未破之天，渾混未分之地，則畫前之易也；以生殺生，未死學死，則漆園之宗也。余然後知仙道聖道，異派而同源，苦縣尼山，同歸而異入，則余斤斤於名教也。

乃所以游二氏之樊，卽季父之箋眞詮妙也，亦孰非振起其家也乎！

時萬曆二十九年歲次辛丑二月上弦，賜進士出身中憲大夫

奉勅整飭饒南兵備兼分巡道江西提刑按察司副使，前兩奉

勅巡視上江鳳陽倉儲兼管漕糧京倉南京浙江道監察御史

小侄一陽薰沐頓首拜撰

黃白鏡、悟眞篇、參同契、四百字、陰符經總序

夢覺道人者，李文里先生道號也。先生廬順城之西南，生甲第之舊族。爲兒時，卽能了悟鄒、魯心學矣。且最喜黃白神僊之事，因而與雲陽隱士玉泉劉公結烟霞伴，尋眞方外，遭南嶽魏夫人授以內外金丹口訣。歸而先嘗黃白，已證所傳。孰意同事者非人，天示其懲，遂中寢其事，而不復再爲。然僕固不敢以管窺天，但想先生之道，無論是內是外，多不離乎陰陽。雖然，先生之用陰陽也，多不如世人所論採戰及砂皮石殼之陰陽也。何以知其然哉？曩歲僕曾館於先生家，十年於玆矣。常見先生與黃紬論道。言及性命之事，則必曰當於父母未生前用功；講及黃白之事，則必曰當於砂鉛未結前下手。既曰父母未生前用功，其非入爐採戰之術；既曰砂鉛未結前下手，其非砂皮石殼之說明矣。僕在當時，初聞先生議論，未免狐疑。乃今聞允理貫，始知先生昔日所談，一字一句，皆丹房指南也。

先生以黃白之事，作書三十六篇，序一篇，題名曰黃白鏡。已而，復以性命之學註悟眞篇、陰符經、參同契各三卷，俱題名「直註」，將欲留在人間，接引後學。其用心仁矣。

僕在旅次，每於靜中燈下細閱三稿，大概鏡中敘中，雖講黃白，然而性命之理亦未嘗不有；篇中註中，雖講性命，然黃白之學亦未嘗不具。得訣之士，見則自然洞曉。僕既稍知肯綮，遂不容於自默，僭付數言，式置於鏡首、篇首、經首，惟先生酌而置之。

萬曆乙亥正月十九日洪都郡人默守居士熊位汝正甫薰沐頓首謹識

存眞書齋仙道經典文庫 已出、卽出書目

李涵虛仙道集 蒲團子 編訂
太上十三經註解（純陽宮版，最完整本）等

女子道學小叢書 陳攖寧 訂 蒲團子 輯
附：旁門小術錄 陳攖寧佛學論著拾遺

通一齋四種 方內散人 著 蒲團子 編訂

稀見丹經初編 蒲團子 編訂
修身正印 玉符直指 地仙玄門秘訣等

因是子靜坐法四種 因是子 著 蒲團子 輯
因是子靜坐法及續編 靜坐衛生實驗談等四種

抱一子陳顯微道書二種 陳抱一 著

上陽子仙道集 陳致虛 著 蒲團子 輯

參悟集註 知幾子 集註 蒲團子 編訂

參悟闡幽 朱元育 註 蒲團子 編訂

稀見丹經續編 蒲團子 編訂
業餘講稿（陳攖寧） 復興道教計劃書（陳攖寧）
楞嚴耳根圓通法門淺釋（陳攖寧）三一音符等

重訂女子丹法彙編 蒲團子 編訂

李文燭道書四種 李文燭 著 蒲團子 編訂
陰符經直註 悟眞篇直註 金丹四百字解等

外丹經匯編一 蒲團子 編訂
金火燈 了易先資 夢醒錄 金火錄篇等